Ökologie und Wirtschaftsforschung

Band 35

WBGU: Welt im Wandel: Umwelt und Ethik

Mitglieder des Wissenschaftlichen Beirats der Bundesregierung Globale Umweltveränderungen (Stand 1. Juni 1999):

Prof. Dr. Friedrich O. Beese
Agronom: Direktor des Instituts für Bodenkunde und Waldernährung der Universität Göttingen

Prof. Dr. Klaus Fraedrich
Meteorologe: Meteorologisches Institut der Universität Hamburg

Prof. Dr. Paul Klemmer
Ökonom: Präsident des Rheinisch-Westfälischen Instituts für Wirtschaftsforschung, Essen

Prof. Dr. Dr. Juliane Kokott (Stellvertretende Vorsitzende)
Juristin: Lehrstuhl für Deutsches und Ausländisches Öffentliches Recht, Völkerrecht und Europarecht der Universität Düsseldorf

Prof. Dr. Lenelis Kruse-Graumann
Psychologin: Schwerpunkt „Ökologische Psychologie" der Fernuniversität Hagen

Prof. Dr. Christine Neumann
Ärztin: Lehrstuhl für Dermatologie und Venerologie, Universitätshautklinik Göttingen

Prof. Dr. Ortwin Renn
Soziologe: Akademie für Technikfolgenabschätzung in Baden-Württemberg, Stuttgart

Prof. Dr. Hans-Joachim Schellnhuber (Vorsitzender)
Physiker: Direktor des Potsdam-Instituts für Klimafolgenforschung

Prof. Dr. Ernst-Detlef Schulze
Botaniker: Direktor am Max-Planck-Institut für Biogeochemie, Jena

Prof. Dr. Max Tilzer
Limnologe: Lehrstuhl für aquatische Ökologie, Universität Konstanz

Prof. Dr. Paul Velsinger
Ökonom: Leiter des Fachgebiets Raumwirtschaftspolitik der Universität Dortmund

Prof. Dr. Horst Zimmermann
Ökonom: Leiter der Abteilung Finanzwissenschaft der Universität Marburg

Wissenschaftlicher Beirat der Bundesregierung
Globale Umweltveränderungen

Welt im Wandel: Umwelt und Ethik

Sondergutachten 1999

Metropolis-Verlag
Marburg 1999

Alle Fotos auf dem Umschlag: M. Schulz-Baldes

Die Deutsche Bibliothek – CIP-Einheitsaufnahme

Ein Titeldatensatz für diese Publikation ist bei der Deutschen Bibliothek erhältlich

Metropolis-Verlag für Ökonomie, Gesellschaft und Politik GmbH
Bahnhofstr. 16a, D-35037 Marburg

Druck: Rosch Buch, Scheßlitz
Gedruckt auf chlorfreiem und alterungsbeständigem Papier

ISBN 3-89518-265-6

Inhaltsverzeichnis

Danksagung

Das vorliegende Sondergutachten ist von den Mitgliedern des Wissenschaftlichen Beirats der Bundesregierung Globale Umweltveränderungen (WBGU) verfaßt worden. Als Mitautoren sind ebenfalls zu nennen: Andreas Klinke, M.A. (Assistent des WBGU-Mitglieds Ortwin Renn) und Diplom-Volkswirt Thilo Pahl (Assistent des WBGU-Mitglieds Horst Zimmermann). In das Gutachten sind Elemente eines Sondergutachtens von Professor Konrad Ott aus Greifswald und detaillierte Kommentare von Dr. Wolfgang Vischer aus Tübingen sowie von Dr. Oliver Fromm aus Kassel eingeflossen. An der Endfassung des Manuskriptes haben auch die Mitarbeiter der Geschäftsstelle in Bremerhaven, insbesondere Professor Meinhard Schulz-Baldes und Dr. Carsten Loose mitgewirkt. Weitere wichtige Kommentare kamen von Frau Diplom-Psychologin Dörthe Krömker (Assistentin des WBGU-Mitglieds Lenelis Kruse-Graumann) und dem Redakteur des Metropolis Verlages, Herrn Hubert Hoffmann. Allen Personen, die an diesem Sondergutachten mitgewirkt haben, gilt unser besonderer Dank.

1 Die grundlegende Fragestellung

Dürfen Menschen alles, was sie tun können? Diese Frage stellt sich im Zusammenhang mit neuen Technologien, wie etwa der Gentechnik, oder bei Eingriffen des Menschen in die Natur, wie der Rodung von Urwäldern zum Zweck der landwirtschaftlichen Nutzung. Intuitiv antwortet jeder auf diese Frage mit einem klaren „Nein“: Auf keinen Fall dürfen Menschen alles tun, was sie tun können. Das gilt auch für das Alltagshandeln. Viele Optionen des täglichen Lebens, vom Lügen bis zum kleinen Betrug, vom Bruch eines Versprechens bis zum Hintergehen eines Freundes, sind offensichtlich Handlungen, die von allen gutwilligen Betrachtern als nicht akzeptabel angesehen werden. Viel schwieriger zu beurteilen sind allerdings solche Handlungen, bei denen die Bewertung nicht so eindeutig auf der Hand liegt. Ist es gerechtfertigt, ein Versprechen dann zu brechen, wenn die Einlösung des Versprechens vielen anderen Menschen schaden könnte?

Handlungen, bei denen Konflikte zwischen positiven und negativen Folgen auftreten oder bei denen eine Beurteilung mit guten Gründen so oder auch anders ausfallen könnte, sind im Bereich der Umweltpolitik besonders häufig. Denn es gibt kaum jemanden, der mutwillig und ohne Grund die Umwelt verschmutzt, giftige Schadstoffe freisetzt oder Tiere quält. Personen, die aus egoistischen Motiven bestehende Umweltnormen übertreten oder sich über die Grundsätze einer umweltschonenden Handlungsweise hinwegsetzen, handeln offensichtlich falsch, und jeder Gesetzgeber wird dieses Verhalten durch Strafandrohung bzw. Bestrafung sanktionieren. Klärungsbedarf besteht aber dort, wo Personen aus guter Absicht und mit guten Gründen eine Veränderung der Umwelt bewirken und dabei auch die Umwelt schädigen. In der Ethik spricht man hier von Zielkonflikten.

Die meisten Eingriffe in die Umwelt erfolgen aus guten Gründen: Die Akteure, die solche Eingriffe vornehmen, möchten z.B. die Ernährung einer wachsenden Bevölkerung sichern, langfristig Arbeitsplätze und ein ausreichendes Einkommen gewähren, die Ressourcen der Natur für Produkte und Dienstleistungen nutzen oder die Natur für das Recycling nicht mehr benötigter Abfallstoffe aus Produktion und Konsum einsetzen. All dies geschieht nicht aus Nächstenliebe, sondern zur Wahrung eigener Interessen, ohne daß dies deshalb bereits unmoralisch wäre. Die Liste umweltverändernder menschlicher Aktivitäten, die aus existentiellen oder wirtschaftlichen Gründen erfolgen, ließe sich unbegrenzt fortsetzen. Menschliche Existenz ist an die Nutzung von Natur gebunden. Je mehr Menschen diese Welt bevölkern, desto intensiver wird diese Nutzung ausfallen.

Dazu einige Zahlen: Vor etwa 12.000 Jahren lebten rund 5 Mio. Menschen auf der Erde. Unter den damaligen Produktionsbedingungen der Sammler- und Jägerkultur war mit dieser Bevölkerungszahl die Grenze für die Spezies Mensch im Rahmen einer Wirtschaftsform, die nur in geringem Maße verändernd in die natürliche Umgebung des Menschen eingriff, erreicht. Auch die agrarisch-vorindustrielle Kulturform war durch eine eng begrenzte Tragekapazität gekennzeichnet, etwa 750 Mio. Menschen konnte die Erde um 1750 ernähren. Heute trägt die Welt 6 Mrd. Menschen – mit steigender Tendenz. Die Tragekapazität gegenüber dem Neolithikum hat sich demnach vertausendfacht und wächst weiter parallel mit neuen Veränderungen der Produktionsbedingungen (Fritsch, 1993; Kesselring, 1994; Mohr, 1995). Hinter dieser enormen Leistung der menschlichen Kultur stehen die fünf „prometheischen Innovationen“: die Beherrschung des Feuers, die Nutzung der natürlichen Umwelt für Landwirtschaft, die Verwandlung fossiler Brennstoffe in thermische und mechanische Energie, die industrielle Produktion und die Substitution von Materie durch Information (Renn, 1996a).

Bei der heutigen Dichte der Besiedelung und der vorherrschend industriellen Lebensweise ist die Menschheit also auf technische Umformungen der Natur angewiesen. Zweifellos braucht sie für das Überleben, erst recht für das Wohlergehen der zahlreichen Menschen Güter und Dienstleistungen, die den Vorrat an natürlichen Ressourcen vermindern. Bei der Frage nach der Verantwortbarkeit menschlicher Eingriffe in die Natur kann es also nicht um das „Ob“, sondern allenfalls um das „Wie“ gehen. Denn es ist eine anthropologische Notwendigkeit, die vorgefundene Natur nach menschlichen Bedürfnissen umzuwandeln und zu gestalten. So sieht es z.B. der Naturphilosoph Klaus Michael Meyer-Abich: „ ... wir Menschen sind nicht dazu da, um die Welt wieder so zu verlassen, als wären wir gar nicht dagewesen. Wie für alle Lebewesen gehört es auch zu unserer Natur und zu unserem Leben, Veränderungen in die Welt zu bringen. Dies legitimiert natürlich nicht die zerstörerischen Lebensformen, auf die wir uns eingelassen haben. Aber erst dann, wenn wir die menschliche Weltveränderung grundsätzlich bejahen, können wir uns der entscheidenden Frage zuwenden, welche Veränderungen dem menschlichen Dasein angemessen sind und welche nicht“ (Meyer-Abich, 1997).

Um also ein sinnvolles Urteil über die Bilanz des Naturverbrauchs durch menschliches Wirtschaften abgeben zu können, muß das mit dem Naturverbrauch geschaffene Angebot an Produkten und Dienstleistungen ins Verhältnis gesetzt werden zu den Verlusten, die Umwelt und Natur zugefügt wurden. Bei diesem Vergleich wird sichtbar, daß auch schwerwiegende Eingriffe in Natur und Umwelt nicht unreflektiert erfolgten, sondern um die wachsende Zahl der Menschen mit Gütern und Dienstleistungen zu versorgen, die diese zum Überleben oder als Voraussetzung für ein „gutes“ Leben benötigen. Gleichzeitig ist aber auch nicht zu übersehen, daß diese Eingriffe oft irreversible Schäden an der Umwelt bewirken und mögliche zukünftige Nutzenpotentiale für die kommenden Generationen zerstören. Darüber hinaus ist Natur für den Menschen ein Hort sozialer, kultureller, ästhetischer und religiöser Wertschätzung, dessen Verletzung wiederum das Wohlbefinden des Menschen maßgeblich beeinflußt. Auf beiden Seiten der Gleichung stehen also wichtige Güter, die bei Eingriffen in die Natur abzuwägen sind. Wie aber sollte eine solche Abwägung aussehen?

Wenn es um die Bilanzierung von Vor- und Nachteilen des Eingriffs in die Natur geht, braucht man Kriterien, nach denen man eine Abwägung vornehmen kann. Wer kann und darf solche Kriterien aufstellen, nach welchen Maßstäben sollen die Eingriffe beurteilt werden und wie lassen sich die verschiedenen Handlungsoptionen bei jedem Kriterium miteinander vergleichen?

Auf diese Fragen will das vorliegende Sondergutachten des WBGU eine Antwort geben. Dem Gutachten liegt der Gedanke zugrunde, daß Eingriffe des Menschen in die Natur eine Frage der Folgenabschätzung ebenso wie der Folgenbewertung sind (Renn, 1996b). Im ersten Fall geht es um die Frage: Was ist an Konsequenzen zu erwarten, wenn man Handlungsoption A statt B auswählt? Ein Beispiel wäre die Entscheidung, ob man ein Rohstofflager in einem naturnahen Gebiet ausbeuten sollte oder nicht. Auf der Habenseite stehen wirtschaftliche Nutzengewinne, auf der Sollseite ökologische Nutzenverluste. Beide Seiten der Bilanz sollten so weit wie möglich spezifiziert sein, um eine ausgewogene Folgenabschätzung vornehmen zu können. Kennt man in etwa die Folgen der geplanten Eingriffe, steht die zweite grundsätzliche Frage an: Wie wünschenswert sind diese Folgen, wenn man hierauf allgemein anerkannte Kriterien des „guten" Lebens und des „guten" Zusammenlebens anwendet? Während die Abschätzung im wesentlichen eine Frage der wissenschaftlichen Forschung und Expertise darstellt, wobei Unsicherheiten und ambivalente Urteile gerade im Umweltbereich mit zu berücksichtigen sind, ist die Frage nach den Grundlagen zur Bewertung der Handlungsoptionen und zur Erstellung von handlungsleitenden Normen eine zentrale Aufgabe der Ethik. Die Ethik vermittelt den Handelnden Einsichten darüber, wie die eingangs gestellte Frage „Dürfen wir alles tun, was wir tun können?" nachvollziehbar und konsistent zu beantworten ist.

Im ersten Teil des vorliegenden Sondergutachtens steht die grundlegende Ableitung der Umweltethik aus den Traditionen der Ethik im Vordergrund. Es folgt eine Auffächerung der Umweltethik unter dem Gesichtspunkt der Bewertung von Umweltgütern. Dabei wird unterschieden zwischen *kategorischen* Prinzipien – die unter keinen Umständen überschritten oder verletzt werden dürfen – und *kompensatorischen* Prinzipien, bei denen ein Ausgleich mit anderen konkurrierenden Prinzipien zugelassen ist. Diese Differenzierung führt folgerichtig zu einer Klassifizierung von

Umweltwerten, die wiederum in Kriterien zur Abwägung von Handlungsoptionen im Bereich des Umwelthandelns ausdifferenziert werden können.

Im zweiten Teil des Sondergutachtens werden diese Gedanken der Bewertung aufgegriffen und für eine Überführung der Wertkategorien in ökonomisches Handeln genutzt. Im Mittelpunkt der Überlegungen steht hier die Frage, wie durch ökonomische Bewertungsverfahren die Ziele der ethisch fundierten Abwägung unterstützt und umgesetzt werden können.

Der dritte Teil des Gutachtens kontrastiert die normativen Überlegungen zur Bewertung von Umwelthandeln und Umweltgütern mit den faktischen Wertvorstellungen und Verhaltensweisen von Individuen und sozialen Gruppen in der Gesellschaft. Normative Grundsätze haben wenig Wirkungskraft, wenn sie nicht von den Menschen, die sie befolgen sollen, auch angenommen und umgesetzt werden.

Der vierte Teil des Gutachtens führt den Gedanken der operationalen Umsetzung von normativen und faktischen Bewertungen fort und beschreibt zwei sich ergänzende Vorgehensweisen, die weitgehend die Ergebnisse aus den vorangegangenen Kapiteln umsetzen und ethische, wirtschaftliche und empirisch ermittelte Bewertungskriterien in die Form einer prozeduralen Orientierung einbringen. Das Gutachten endet mit einigen Schlußfolgerungen für den Biosphärenschutz.

Die grundsätzlichen Überlegungen in diesem Gutachten werden auf das weltweit brennende Problem der Erhaltung und nachhaltigen Nutzung der Biosphäre bezogen. Die Wahl dieses Bezugspunkts ist leicht nachzuvollziehen, da der Beirat im Jahr 1999 sein Hauptgutachten diesem Thema gewidmet hat (WBGU, 2000). Was versteht man unter dem Begriff der Biosphäre? Die Biosphäre ist der von Leben erfüllte Raum der Erde, von der obersten Schicht der Erdkruste (inklusive des Wassers) bis hin zur unteren Schicht der Atmosphäre (Lebensraum für Vögel) (Bahadir et al., 1995). Sie ist funktional eng mit den anderen Sphären der Welt, der Atmo-, Pedo-, Litho- und Hydrosphäre verbunden. Im Rahmen des Jahresgutachtens des WBGU zum Thema „Schutz der Biosphäre“ werden vorrangig drei Bezugsebenen angesprochen: die Gen- und Artenvielfalt, die Ökosystem- und Landschaftsvielfalt sowie die durch die Biosphäre verursachten oder beeinflußten globalen geochemischen Kreisläufe (wie etwa der Kohlenstoffkreislauf).

Neben der essentiellen Bedeutung der Biosphäre für Menschen und alle übrigen Lebewesen auf dieser Erde, deren Existenz von Vorleistungen oder Nachleistungen anderer Lebewesen sowie von der Funktionsfähigkeit vieler abiotischer Kreisläufe abhängt, ist der Biosphärenschutz mit all seinen Facetten auch ein geeignetes Testfeld für die Wirksamkeit und Anwendbarkeit ethischer und aus der Ökonomie abgeleiteter Bewertungsverfahren. Denn die Bewertung von Gen- und Artenvielfalt, Ökosystem- und Landschaftsvielfalt sowie geochemischer Kreisläufe ist politisch höchst umstritten und weit von einem grundlegenden Konsens unter den beteiligten Akteuren entfernt. Die grundsätzlichen Ausführungen und Ableitungen sind auch auf andere Umweltprobleme übertragbar.

Der Beirat hofft, mit diesem Sondergutachten auf die Frage, ob Menschen alles tun dürfen, was sie könnten, mehr als nur die salomonische Antwort „Es kommt darauf an“ anbieten zu können. Gleichzeitig muß aber die mögliche Erwartung enttäuscht werden, man könne in einer pluralen Welt, die durch Wertvielfalt und konkurrierende Lebensentwürfe charakterisiert ist, eindeutige Richtlinien für moralisches Umwelthandeln aufstellen. Vielmehr geht es um den Entwurf einer reflektierten Vorgehensweise, die sicherstellen soll, daß die Menschheit die Herausforderung einer nachhaltigen Entwicklung, also die Befriedigung wirtschaftlicher Leistungsfähigkeit, sozialer Gerechtigkeit und die Erhaltung ökologischer Funktionen, zielgerecht und effizient meistert.

2 Grundfragen der Ethik

2.1 Überblick über ethische Ansätze

Die Beantwortung der Frage nach dem richtigen Handeln ist das Betätigungsfeld der praktischen Philosophie, der Ethik. In Anlehnung an die in der Philosophie übliche Sichtweise bezeichnet Ethik die Lehre von der Begründung normativer, d.h. handlungsleitender Aussagen (Gethmann, 1991; Mittelstraß, 1992; Nida-Rümelin, 1996a; Revermann, 1998). Ein System normativer Aussagen wird als Moral bezeichnet. Ethische Urteile beziehen sich also auf die Begründbarkeit von moralischen Handlungsanweisungen, die von Individuum zu Individuum und von Kultur zu Kultur variieren können (Ott, 1999).

Grundsätzlich steht der Mensch als zweckorientiertes und selbstbestimmtes Wesen, das nicht nur instinktiv, sondern auch vorausschauend handelt, unter der sittlichen Norm, nur diejenigen Handlungen auszuführen, die er selber als gut und geboten einordnen kann (Honnefelder, 1993). Natürlich handeln nicht alle Menschen nach den Normen, die sie selbst als geboten ansehen, aber sie sind in der Lage, zugunsten einer positiv bewerteten Handlung oder vermuteter Handlungsfolgen auf eigene Vorteile zu verzichten und instinktiven Impulsen nicht nachzugehen. In diesem Sinn ist es den Menschen möglich, moralisch zu handeln, weil sie einerseits die Fähigkeit besitzen, moralische und unmoralische Handlungen voneinander zu unterscheiden, andererseits weitgehend die Freiheit haben, zwischen verschiedenen Handlungsmöglichkeiten zu wählen.

Ob die Befolgung bzw. Nichtbefolgung einer Handlungsanweisung als moralisch oder unmoralisch eingestuft werden kann, richtet sich danach, ob das jeweilige Handeln in einer Situation als „begründbar“ empfunden und gerechtfertigt werden kann. Situationsübergreifende Normen, die universelle Geltungskraft beanspruchen, werden hier als Prinzipien bezeichnet. Zwischen konkurrierenden Normen (in einer bestimmten Situation), aber auch zwischen konkurrierenden Prinzipien können Zielkonflikte auftreten, deren Lösungen wiederum begründungspflichtig sind (Szejnwald-Brown et al., 1993). Maßstäbe für solche Begründungen zu liefern oder Moralsysteme auf ihre Begründbarkeit hin zu überprüfen, ist eine der wesentlichen Aufgaben der praktischen Ethik (Gethmann, 1998).

In der Ethik unterscheidet man deskriptive (gelebte Sittlichkeit) und präskriptive Ansätze, d.h. begründbare Prinzipien des individuellen und kollektiven Verhaltens (Frankena, 1963; Hansen, 1995). Alle deskriptiven Ansätze sind im wesentlichen Bestandsaufnahmen von faktisch gelebten Normen. Dabei spielt zunächst keine Rolle, ob diese Normen begründet sind oder nicht. Ihre normative Kraft schöpfen sie allein aus der Tatsache, daß sie existieren und menschliches Handeln anleiten (normative Kraft des Faktischen). Die meisten Ethiker sind sich darüber einig, daß aus der faktischen Existenz von Normen nicht auf ihre allgemeine Gültigkeit geschlossen werden kann. Man beginge damit einen naturalistischen Fehlschluß (Akademie der Wissenschaften, 1992; Ott, 1999). Allerdings kann die gelebte Sittlichkeit, vor allem dann, wenn es um kulturübergreifende Verhaltenssteuerung geht, ein wichtiger Indikator für unterschiedliche, gleich gut begründbare Moralsysteme sein. So kann man etwa aus dem faktischen Verhalten vieler Völker gegenüber ihrer natürlichen Umwelt ablesen, welche Elemente dieser Umwelt sie besonders wertschätzen und welche nicht. Aber auch in diesem Fall wird die Gültigkeit von Normen nicht aus ihrer Faktizität abgeleitet, sondern lediglich als Heurismus benutzt, um eine adäquate (möglicherweise kulturimmanente) Begründung zu finden.

Wie aber lassen sich bei der Vielfalt von Kulturen und Überzeugungen überhaupt Normen intersubjektiv, d.h. für alle gleichermaßen gültig, begründen? Ist es nicht so, daß die Wissenschaft nur faktische Aussagen als wahr oder falsch ausweisen kann (und auch dies nur in gewissen Grenzen), aber keine Soll-Aussagen? Um diese Frage zu beantworten, ist ein kurzer Exkurs über die verschiedenen Ansätze in der Ethik notwendig.

Zunächst einmal geht es in der Ethik um zwei unterschiedliche Zielpunkte: Zum einen um die Frage nach dem „Gelingen“ des eigenen Lebens, d.h. nach den Normen und Prinzipien, die einen Menschen befähigen, ein glückliches und erfülltes Leben zu führen, der sog. eudaimonistischen Ethik; zum anderen um die Normen und Prinzipien des Zusammenlebens, d.h. um verbindliche Regelungen, die erst die Voraussetzungen dafür schaffen, daß alle ein glückliches Leben führen können, der sog. normativen Ethik (Galert, 1998; Ott, 1999).

Innerhalb der normativen Ethik unterscheidet man wiederum zwischen deontologischen und teleologischen Ansätzen bei der Begründung normativer Aussagen (Höffe, 1987). Bei deontologischen Ansätzen geht es um Prinzipien und Normen des Verhaltens, die sich auf der Basis eines externen Bewertungskriteriums auf das Verhalten selbst oder die damit verbundene Gesinnung anwenden lassen. Nicht die Folgen einer Handlung sind Maßstab der Bewertung, sondern die Befolgung inhärenter Maßstäbe, die am Handeln selbst angesetzt werden können. Solche externen Maßstäbe der Bewertung werden je nach philosophischer Grundrichtung aus der Religion, der Natur, der Intuition oder der Vernunft abgeleitet. So kann man etwa den Schutz der Biosphäre als göttlichen Auftrag zum Erhalt der Schöpfung (Rock, 1980; Schmitz, 1985), als eine angeborene Tendenz zur emotionalen Gebundenheit des Menschen an eine biodiverse Umgebung (Wilson, 1984), als unmittelbar einleuchtende Quelle von Inspiration und Freude (Ehrenfeld, 1993) oder auch als ein erzieherisches Mittel zur Einübung von Verantwortung und zur Wahrung sozialer Stabilität (Gowdy, 1997) ansehen.

Teleologische Ansätze beziehen sich dagegen auf die Konsequenzen des Handelns. Auch hier sind externe Maßstäbe der Bewertung notwendig, da auch die ethische Qualität der Handlungskonsequenzen nach irgendeinem Maßstab beurteilt werden muß. Bei den utilitaristischen Ansätzen (eine Teilmenge der teleologischen Ansätze) wird dieser Maßstab als Zunahme des individuellen oder gesellschaftlichen Nutzens definiert. Bei anderen ethischen Schulen spielen Intuition (Kann die Konsequenz noch wünschenswert sein?) oder der Aspekt der Reziprozität („Was Du nicht willst, daß man Dir tu, das füg' auch keinem anderen zu") eine entscheidende Rolle.

Bei den vernunftsbezogenen Ansätzen (vor allem bei Kant) wird der Maßstab aus der Logik der Verallgemeinerungsfähigkeit abgeleitet, wobei Kant selbst in der Tradition deontologischer Ansätze steht („Der gute Willen ist nicht durch das, was er bewirkt oder ausrichtet, sondern allein durch das Wollen gut"). Nach der Auffassung von Kant ist jedes Prinzip, dessen allgemeine Befolgung die Gelingensbedingungen eines glücklichen Lebens selbst außer Kraft setzt, ethisch unzulässig. Dabei steht nicht die Wünschbarkeit der Folgen im Vordergrund, sondern die logische Inkonsistenz, die dadurch entsteht, daß die Bedingungen des Handelns einzelner dann unterminiert werden, wenn alle nach der gleichen Maxime handeln würden (Höffe, 1992).

Eine Reihe zeitgenössischer Ethiker nimmt zwar die Verallgemeinerungsformel von Kant auf, beurteilt aber Maximen des Handelns nicht nach ihrer inneren Widersprüchlichkeit, sondern nach der Wünschbarkeit der bei der Verallgemeinerung zu befürchtenden Folgen (hier wären etwa Jonas, 1979 oder Zimmerli, 1993 zu nennen). Diese Ansätze lassen sich als Mittelweg zwischen deontologischen und teleologischen Begründungsformen definieren.

Neben den deontologischen und den teleologischen Ansätzen gibt es noch die einfache Lösung der konsensualen Ethik, die allerdings mehr umfaßt als nur die faktisch gelebte Sittlichkeit. Eine konsensuale Ethik setzt die explizite Zustimmung der an einer Handlung beteiligten Personen voraus. Alles ist erlaubt, solange alle Betroffenen (aus welchen Gründen auch immer) freiwillig zustimmen. In der Sexualethik läßt sich gerade eine Veränderung von einem deontologisch bestimmten zu einem konsensual ausgeprägten Moralkodex feststellen.

Die drei Formen der normativen Ethik sind in Abbildung 1 dargestellt. Aus der Gegenüberstellung der grundlegenden Begründungspfade für normative Moralsysteme wird bereits deutlich, daß die Wissenschaft der Ethik keine Normen

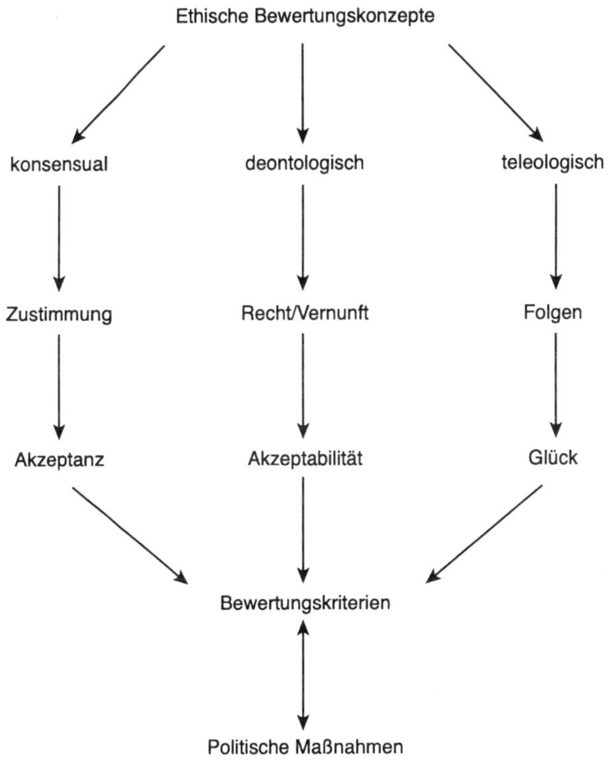

Abbildung 1: Ethische Bewertungskonzepte
Quelle: Renn, 1997

schaffen oder als eindeutig richtig auszeichnen kann, selbst wenn diese im faktischen Leben der Menschen eine Rolle spielen. Vielmehr ist es die vordringliche Aufgabe der Ethik, auf der Basis allgemein anerkannter Prinzipien (etwa der Menschenrechte) sicherzustellen, daß alle damit verbundenen Normen und Verhaltensvorschriften nicht im Widerspruch untereinander oder im Widerspruch zu einem als übergeordnet anerkannten Prinzip stehen.

Darüber hinaus kann die Ethik auf Lösungsmöglichkeiten hinweisen, die bei einem Konflikt zwischen gleichberechtigten Normen und Prinzipien auftreten können. Auch mag die Ethik auf Begründungszusammenhänge verweisen, die sich im Verlauf ihrer disziplinären Geschichte als Prüfkriterien für moralisches Handeln bewährt haben. Schließlich sehen viele Ethiker ihre Aufgabe auch darin, Verfahren und Prozeduren vor allem gedanklicher Art bereitzustellen, durch die eine Kompatibilität oder Inkompatibilität von Normen im Rahmen eines oder mehrerer Moralsysteme festgestellt werden kann.

Anders als bei Juristen ist der Normenschatz der Ethik nicht an kodifizierte Gesetze gebunden, nach denen solche Kompatibilitätsprüfungen vorgenommen werden können. Am Anfang jedes normativen Diskurses steht daher die allgemeine Frage nach den Bedingungen, die notwendig sind, um Individuen ein „gutes Leben" zu ermöglichen und gleichzeitig den notwendigen Prinzipien zur Regelung des darauf aufbauenden Zusammenlebens (bonum commune) Geltung zu verschaffen. Wie aber lassen sich allgemein verbindliche und intersubjektiv gültige Kriterien für die Bewertung eines „guten Zusammenlebens" aufstellen?

2.2 Die Probleme der Letztbegründung

In modernen pluralistischen Gesellschaften fällt es Individuen und gesellschaftlichen Gruppen zunehmend schwerer, kollektiv verbindliche Prinzipien, die von allen gleichermaßen als begründbar angesehen und als selbstverpflichtend wahrgenommen werden, aufzustellen bzw. anzuerkennen (Hartwich und Wewer, 1991; Zilleßen, 1993). Vielfalt von Lebensoptionen und Subjektivierung vom Sinn des Daseins sind Begleitmerkmale der Modernisierung. Mit zunehmenden Möglichkeiten technischer und organisatorischer Zukunftsgestaltung erweitert sich die Palette der den Menschen verfügbaren Verhaltensoptionen. Mit zunehmender Pluralität von Lebensentwürfen und -stilen bilden sich gruppenspezifische Rationalitäten im Sinn von Erkenntnis- und Generalisierungsregeln sowie Wertmuster im Sinn von normativen Verhaltensorientierungen aus, die nur innerhalb einer sozialen Gruppe oder Subkultur Verbindlichkeit und Geltung beanspruchen (Renn, 1997). Je weniger gesellschaftsübergreifende Leitbilder oder Verhaltensorientierungen zur Verfügung stehen, desto schwieriger wird der Prozeß der Abstimmung über kollektiv verbindliche Handlungsorientierungen. Diese sind jedoch für die Aufrechterhaltung von wirtschaftlicher Kooperation, zum Schutz der natürlichen Lebensgrundlagen und zur Sicherung des sozialen Zusammenhalts in einer Gesellschaft unabdingbar. Keine Gesellschaft kann ohne die verbindliche Festlegung eines Mindestkanons von Prinzipien und Normen existieren.

Wie ist aber eine Einigung über solche kollektiv verbindlichen Prinzipien und Normen herbeizuführen? Nach welchen Kriterien kann man überhaupt Normen beurteilen? Die Antworten auf diese Frage hängen davon ab, ob man die primären Prinzipien, also den Ausgangspunkt aller moralischen Systeme, oder sekundäre Prinzipien bzw. Normen, d.h. aus den Primärprinzipien ableitbare Folgenormen, einer ethischen Prüfung unterwirft. Primäre Prinzipien können kategorisch oder verrechenbar (kompensationsfähig) sein. Kategorische Prinzipen sind solche, die unter keinen Umständen verletzt werden dürfen, auch wenn dadurch andere Prinzipien verletzt würden. Das Menschenrecht auf Unversehrtheit des Lebens wäre hier als Beispiel zu nennen. Verrechenbare oder kompensationsfähige Prinzipien sind solche, bei denen eine temporäre oder partielle Verletzung akzeptabel ist, sofern dadurch eine Verletzung eines gleichrangigen Prinzips vermieden oder verringert werden kann. So können etwa bestimmte Freiheitsrechte in Notzeiten eingeschränkt werden.

Wie aber lassen sich primäre Prinzipien für alle Menschen gleichermaßen gültig begründen? Obwohl viele Philosophen dazu Vorschläge gemacht haben, besteht heute weitgehend Konsens darüber, daß weder die Philosophie noch irgendeine menschliche Instanz in der Lage ist, zweifelsfrei und für alle Menschen verbindlich Metakriterien anzugeben, nach denen solche primären Prinzipien abzuleiten oder zu überprüfen seien (Mittelstraß, 1984). Eine Letztbegründung normativer Urteile ist auch nicht auf logischem Wege erreichbar, da alle derartigen Versuche zwangsläufig entweder in einem logischen Zirkel, in einem unendlichen Regreß oder in einem

Abbruch des Verfahrens enden und keine dieser Alternativen eine befriedigende Lösung für die Letztbegründung darstellt (Albert, 1991).

Die Problematik, letztgültige Normen nicht schlüssig ableiten zu können, scheint aber weniger tragisch zu sein, als auf den ersten Blick zu vermuten ist. Denn gleichgültig ob man die Grundaxiome moralischer Normen aus der Intuition, der Naturbetrachtung, der Religion, der Tradition oder der Vernunft entnimmt, sie gleichen sich in den wesentlichen Inhalten. So besteht weitgehend Konsens darüber, daß jedes menschliche Individuum ein Recht auf Leben besitzt, daß menschliche Freiheit als ein hohes Gut einzustufen und daß soziale Gerechtigkeit anzustreben ist. Was diese Prinzipien aber im einzelnen bedeuten und wie sie umzusetzen sind, darüber gibt es offenkundig viele unterschiedliche Auffassungen. Trotz dieser Pluralität können sich aber, ganz im Sinn des Leitplankenkonzepts des WBGU (siehe dazu ausführlich WBGU, 1998), erkenntnisfähige und gutwillige Betrachter in der Regel schnell darüber einigen, ob eines der Grundprinzipien eindeutig verletzt ist. Schwieriger ist es zu entscheiden, ob sie eindeutig erfüllt sind oder ob das zu beurteilende Verhalten eindeutig einem oder mehreren Prinzipien zuzuordnen ist. Da es in einer säkularen Gesellschaft keine letztverbindliche Instanz gibt, die primäre Prinzipien bzw. Normen *ex cathedra* festlegen kann, läßt sich in diesem Fall nur das einfache Konsensprinzip (bzw. pragmatisch unter bestimmten Bedingungen auch Mehrheitsentscheidungen) anwenden, wobei allerdings ethische Überlegungen der Verallgemeinerungsfähigkeit und die Bewußtmachung der möglichen Handlungsfolgen helfen können, die Implikationen solcher primären Prinzipien und Normen auszuloten.

Sofern es nicht um primäre Prinzipien (wie etwa die Menschenrechte) geht, besteht der ethische Diskurs im wesentlichen darin, die Kompatibilität der jeweils zur Wahl stehenden Normen und Handlungsoptionen mit den primären Prinzipien zu prüfen. Dabei geht es um Widerspruchsfreiheit (Konsistenz), logische Folgerichtigkeit (deduktive Gültigkeit), Kohärenz (Übereinstimmung mit anderen als richtig anerkannten Prinzipien) und andere, im wesentlichen logische

Kriterien (Gethmann, 1998). Als Resultat einer solchen Überprüfung kann man durchaus zu unterschiedlichen Schlußfolgerungen kommen, die alle den Gesetzen der Logik entsprechen und somit neue Pluralität begründen.

Um hier zu verbindlichen Aussagen oder Bewertungen zu kommen, kann der Philosoph entweder einen Diskurs im „Geiste" vornehmen und die Argumente für verschiedene Normengebäude miteinander wetteifern lassen (etwa im Sinn eines platonischen Dialogs) oder einen realen Diskurs mit den durch die Handlung berührten Personen durchführen. In beiden Fällen geht es darum, auf der Basis konsensual getragener Primärprinzipien sekundäre Prinzipien des allgemeinen und Normen des speziellen Handelns abzuleiten, die gegenüber gleich begründbaren Alternativen bevorzugt werden sollen. Eine Pluralität von Lösungen ist vor allem deshalb zu erwarten, weil die meisten konkreten Handlungsoptionen immer nur eine graduelle Erfüllung und Verletzung primärer Prinzipien umfassen und daher Zielkonflikte mit einschließen. Für Zielkonflikte auf der gleichen Abstraktionsebene gibt es definitionsgemäß keine eindeutige Auflösungsregel. So bestehen häufig Konflikte zwischen dem Lebenserhalt durch wirtschaftliche Entwicklung und der Lebenszerstörung durch Umweltschäden. Da man das Prinzip des Lebenserhalts für beide Handlungsoptionen anwenden kann, ist in diesem Fall ein Zielkonflikt unvermeidlich. Zur Konfliktlösung können wiederum ethische Überlegungen, etwa die Vermeidung von Extremen, die zeitliche Staffelung von Zielprioritäten oder die Suche nach dritten Lösungen weiterhelfen, ohne aber diesen Konflikt prinzipiell für alle in gleichem Maß überzeugend auflösen zu können (Szejnwald-Brown et al., 1993).

Aus diesen Überlegungen ergeben sich einige wichtige Rückschlüsse für die Frage nach der Anwendung ethischer Prinzipien auf die Frage des menschlichen Handelns in bezug auf die Biosphäre. Zunächst widerspricht es dem Selbstverständnis der Ethik, für unterschiedliche Handlungskontexte eigene Ethiken zu entwickeln. Ähnlich wie es auch in der nomologischen Wissenschaft keine unterschiedlichen Regeln der Logik von Deduktion und Induktion geben kann, je nachdem um welchen Gegenstand es sich handelt, so macht es auch keinen Sinn, eine eigenständige Ethik der Biosphäre zu postulieren (Galert, 1998). Begründungen für Prinzipien und Moralsysteme müssen universellen Gesetzmäßigkeiten genügen (Nida-Rümelin, 1996b).

Ferner ist es auch wenig hilfreich, ein spezielles Moralsystem für die Biosphäre einzufordern, da dieses wie jedes andere Moralsystem auf primäre Prinzipien zurückführbar sein muß. Statt dessen ist es sinnvoll, die allgemein gültigen Prinzipien zu spezifizieren, die auch in der Frage nach dem Umgang mit der Biosphäre Geltung beanspruchen. Gleichzeitig sind die Normen zu spezifizieren, die dem Gegenstand der Biosphärennutzung angemessen sind und die jene Prinzipien widerspiegeln, die über die Biosphäre hinaus gelten.

Schließlich ist es weder hilfreich noch sinnvoll, ethisches und wirtschaftliches Handeln gegenüberzustellen, wie dies häufig in populären Abhandlungen zum Umweltverhalten des Menschen geschieht. Wirtschaftliches Handeln ist ebenso von moralischen Normen bestimmt wie umweltbezogenes Handeln. Selbst eine egoistische Durchsetzung der eigenen individuellen Interessen ist in einigen Fällen ethisch begründbar, etwa als Mittel zur freien Entfaltung der eigenen Persönlichkeit oder als Anreiz für eine Leistung, die der gesamten Gesellschaft zugute kommt. Unter ethischen Gesichtspunkten ist dabei allerdings kritisch zu fragen, ob dieses Verhalten nicht im Widerspruch zu höheren Normen oder Prinzipien steht (etwa dem Prinzip des Lebenserhalts anderer Menschen) oder aber im Konflikt mit gleichrangigen Normen oder Prinzipien (gerechte Verteilung von Gütern).

2.3 Übertragung der Ethik auf die Umwelt

Bevor die spezielle Thematik des verantwortlichen Handelns gegenüber der Biosphäre behandelt werden soll, ist es zunächst notwendig, sich dem Komplex der Umweltethik allgemein zuzuwenden. Wie bereits oben angedeutet, macht es wenig Sinn, von einer eigenständigen Umweltethik zu sprechen. Vielmehr handelt sich um eine Übertragung der allgemeinen Ethik auf Fragen der Umweltnutzung (Hargrove, 1989). Im Rahmen der Umweltethik werden meist drei Felder behandelt (Galert, 1998):

- *Umweltschutz*, d.h. die Vermeidung oder Linderung direkter oder indirekter, gegenwärtiger oder zukünftiger Schädigungen und Belästigungen durch anthropogene Emissionen, Abfälle oder Landschaftsveränderungen, einschließlich Flächennutzung, sowie die langfristige Sicherung der natürlichen Lebensgrundlagen für Menschen und andere Lebewesen (Birnbacher, 1991a);
- *Tierschutz*, d.h. die Suche nach vertretbaren und umsetzungsfähigen Normen zur Vermeidung oder Verminderung von Schmerzen und Leiden empfindungsfähiger Lebewesen (Krebs, 1997; Vischer, 1999);
- *Naturschutz*, d.h. der Schutz der Natur vor dem transformierenden Zugriff menschlicher Nutzung, im besonderen die Gesamtheit der Maßnahmen zum Erhalt, zur Pflege, zur Förderung und zur Wiederherstellung als wertvoll geltender Naturbestandteile, einschließlich Tier- und Pflanzenarten, Lebensgemeinschaften, Landschaften und der dazu notwendigen natürlichen Lebensgrundlagen (Birnbacher, 1991a).

Im Rahmen dieses Gutachtens ist vordringlich der Naturschutz angesprochen. Darüber hinaus geht es aber auch um Umweltschutz, da Biosphärenschonung und die Nutzung der Biosphäre für menschliche Zwecke als miteinander gekoppelt angesehen werden müssen. Auf den unterschiedlichen Grad von Nutzung versus Schonung wird weiter unten ausführlicher eingegangen.

Zuvor ist aber die Grundfrage nach den primären Prinzipien zu stellen, die im Bereich der Umweltethik gelten sollen. Im Umgang mit der Umwelt sind die traditionellen Grund- und Menschenrechte sowie die z. T. daraus abgeleiteten Bürgerrechte ebenso Grundlage der Betrachtung wie bei den übrigen Anwendungsbereichen der Ethik. Allerdings ergibt sich bei der Frage nach den Prinzipien eine für die Nutzung von Natur und Umwelt spezielle Übertragungsproblematik: Gilt das Grundpostulat des Lebenserhalts nur für Menschen oder auch für alle anderen Lebewesen? Diese Frage führt nicht zu einem neuen primären Prinzip, wie man vielleicht auf den ersten Blick vermuten könnte. Vielmehr geht es um die Frage der Abgrenzung des allseits anerkannten und bereits im Grundrechtskanon festgelegten Lebenserhaltungsprinzips. Sind in diesem Prinzip nur Menschen eingeschlossen (so die heute geltende kodifizierte Fassung) oder auch andere Lebewesen? Und wenn ja, welche?

Bei der Beantwortung dieser Frage lassen sich zunächst zwei gegensätzliche Perspektiven ableiten: Anthropozentrismus und Biozentrismus (Taylor, 1986; Ott, 1993; Galert, 1998). Die anthropozentrische Sichtweise stellt den Menschen und seine Bedürfnisse in den Mittelpunkt. Eigene, originäre Ansprüche der Natur sind dieser Sichtweise fremd. Eingriffe in die Natur sind erlaubt, wenn sie dem Menschen dienlich sind. Eine Pflicht für die Zukunft vorzusorgen und Natur zu erhalten, besteht im anthropozentrischen Weltbild nur insoweit, wie natürliche Systeme für die Menschen heute und die nachfolgenden Generationen als wertvoll eingestuft werden und wie Natur als Mittel und Garant menschlichen Lebens und Erlebens einzuordnen ist (Norton, 1987; Birnbacher, 1991b).

In der biozentrischen Konzeption, die einen Gegenpol zur anthropozentrischen Sichtweise bildet, stehen die Belange des Menschen nicht über jenen der Natur. Jedem Lebewesen, sei es nun Mensch, Tier oder Pflanze, stehen hier dieselben Rechte in bezug auf die prinzipielle Chance zur eigenen Lebensentfaltung im Rahmen einer natürlichen Ordnung zu. Schutzwürdigkeit begründet sich in der biozentrischen Sicht in einem inneren Wert, der jedem Lebewesen eigen ist. Natur hat einen Eigenwert, der nicht von den Funktionen abhängt, den sie aus der Sicht des Menschen heute erfüllt oder später einmal erfüllen könnte (Devall und Sessions, 1984; Callicott, 1989; Rolston, 1994b; Meyer-Abich, 1996).

Aus dem jeweils herrschenden Verständnis des Mensch-Natur-Verhältnisses ergeben sich Implikationen, die für Form und Umfang der Naturnutzung durch den Menschen entscheidend sind (Elliot, 1995; Krebs, 1997). Aus der biozentrischen Idee könnte streng genommen gefolgert werden, daß jegliche Eingriffe in die Natur durch den Menschen

Tabelle 1: Perspektiven der Natur aus der Sicht des Menschen

Quelle: Knaus und Renn, 1998

1a. Anthropozentrische Perspektiven utilitaristischer Prägung

- *Natur als "Füllhorn"* für die Ressourcennutzung: In diesem Verständnis bietet die Natur die Ressourcengrundlage für die Erfüllung menschlicher Bedürfnisse.
- *Natur als Modelliermasse oder Ausgangspunkt für die Schaffung von Kulturland (Garten, Landwirtschaft, Forstwirtschaft, Stoffkreisläufe)*: In diesem Verständnis heißt Umweltgestaltung, die Möglichkeiten des Menschen, Naturland in das für ihn fruchtbringende Kulturland umzuwandeln, es wirtschaftlich zu nutzen und auf Dauer zu erhalten. Natur ist nicht unmittelbar nutzbringend für den Menschen, sondern nur in ihrer Umformung als Kulturland. Diese Umformung ist aber von natürlich gegebenen Bedingungen abhängig und durch die Leistungsfähigkeit der naturgegebenen Stoffkreisläufe begrenzt.

1b. Anthropozentrische Perspektiven mit protektionistischer Prägung

- *Natur als erhaltenswerte Wildnis*: In diesem Verständnis von Natur ist die Erhaltung von unberührten *Naturflächen* ein für die Menschen unmittelbar gegebenes Bedürfnis unabhängig von der möglichen Nutzung der dort enthaltenen Ressourcen. Umweltnutzung bedeutet deshalb nicht nur den Erhalt der Ressourcenbasis, sondern darüber hinaus die Anerkennung eines von Menschen geschützten Existenzwerts der Natur, wie sie sich ohne menschliche Eingriffe darstellt.
- *Natur als Schutzobjekt vor menschlichen Eingriffen:* Nach diesem Verständnis geht es bei der Umweltgestaltung weniger um den Erhalt der Lebensgrundlagen des Menschen als um den Erhalt der Natur (oder der heute vorhandenen Umwelt) vor dem Eingriff des Menschen. Jede weitere Expansion menschlicher Eingriffe in die Umwelt und jede intensive Nutzung der Umwelt ist nach diesem Naturkonzept zu vermeiden.

2. Biozentrische Perspektiven

- *Natur als Einheit der Schöpfung:* In diesem Verständnis haben alle Lebewesen eine prinzipielle Berechtigung, ihren Platz in der Natur einzunehmen. Durch die Möglichkeiten der Menschen, den ihnen naturgemäß zustehenden Platz weiter auszudehnen, als es diesem Verständnis der natürlichen Ordnung entsprechen würde, obliegt ihnen die besondere Verantwortung, das Lebens- und Ressourcennutzungsrecht der Mitgeschöpfe nicht über Gebühr zu beeinträchtigen und sich selbst in den eigenen Ansprüchen so weit zu bescheiden, daß eine naturnahe Koexistenz zwischen Menschen, Tieren und Pflanzen zustandekommt. Dabei wird aber die Priorität menschlicher Interessen im Zielkonflikt zwischen den Ressourcennutzungskonkurrenten nicht in Frage gestellt.
- *Natur als Hort von gleichberechtigten Mitgeschöpfen:* In diesem Verständnis haben alle Lebewesen nicht nur eine Berechtigung auf adäquaten Lebensraum; sie haben auch die gleichen Rechte auf Lebensentfaltung im Rahmen der natürlichen Ordnung wie die Menschen. Im Zielkonflikt um die Ressourcennutzung sollen alle Lebewesen prinzipiell gleiche Chancen erhalten. Nur im Fall einer existentiellen Bedrohung des eigenen Lebens hat der Mensch Vorrang vor den immanenten Ansprüchen seiner belebten Umwelt.

unterlassen werden müssen, damit die Eigenrechte der anderen Lebewesen nicht gefährdet sind. Selbst extreme Vertreter einer biozentrischen Sichtweise würden jedoch nicht so weit gehen, jeglichen Eingriff des Menschen in die Natur abzulehnen, da natürlich auch Tiere die Umwelt durch ihre Lebensweise verändern (z.B. bewirkt der Elefant, daß die Savanne nicht zuwächst). Das zentrale Postulat einer biozentrischen Sichtweise ist die Minimierung der Eingriffstiefe menschlicher Naturnutzung. Nur solche Eingriffe sind gestattet, die zur unmittelbaren Existenzsicherung des Menschen beitragen und die natürliche Umgebung nicht in ihrer grundlegenden ökosystemaren Struktur verändern.

Nimmt man diese beiden Kriterien ernst, dann ist weder eine Bevölkerungsentwicklung über die Grenze der biologischen Tragfähigkeit hinaus gestattet noch eine Transformation von Naturfläche in reine Ackerbauflächen erlaubt. Eine solche strenge Deutung des Biozentrismus würde zu einer radikalen Umkehr der bisherigen Menschheitsgeschichte führen und ist mit den Werten und Zukunftserwartungen der meisten Menschen unvereinbar.

Bei der uneingeschränkten Übertragung des Anthropozentrismus auf den Umgang mit der Biosphäre wird die Nutzung biosphärischer Leistungen einzig dem individuellen Kosten-Nutzen-Kalkül unterworfen. Dies kann, muß aber nicht zwangsläufig, zu einer hemmungslosen Ausbeutung der Natur durch den Menschen zum Zweck des Aufbaus seiner eigenen Zivilisation führen. Beide Extreme führen schnell zu kontra-intuitiven Implikationen.

Wenn es um die Frage der Umweltgestaltung und -politik geht, findet man in der Realität anthropozentrische und biozentrische Ansätze nur selten in Reinform vor, sie treten vielmehr in unterschiedlichen Mischungen und Ausprägungen auf. Die Übergänge zwischen den Konzeptionen sind fließend. Gemäßigte Ansätze nehmen durchaus Elemente der jeweiligen Gegenposition auf. So kann es einer grundsätzlich biozentrischen Perspektive entsprechen, wenn man im Zielkonflikt um Ressourcen die Vorrangigkeit menschlicher Interessen nicht in Frage stellt. Auch für den Anthropozentrismus gilt, daß er sich in einer gemäßigten Form in seinen

Schlußfolgerungen in bezug auf den erforderlichen Umgang mit Umwelt und Natur der biozentrischen Sichtweise annähern kann. Ein protektionistisch geprägter Anthropozentrismus etwa, der Natur als Schutzobjekt vor menschlichen Eingriffen sieht und über den Erhalt der Ressourcenbasis hinaus einen von Menschen erwünschten Existenzwert der Natur zugrundelegt, wird in den abgeleiteten Handlungsempfehlungen nur wenig von der biozentrischen Sichtweise entfernt sein, auch wenn der innere Antriebsgrund menschlichen Handelns in beiden Fällen unterschiedlich sein mag. Tabelle 1 zeigt einen Überblick über verschiedene Spielarten anthropozentrischer und biozentrischer Perspektiven.

Sieht man sich die Verhaltensweisen der Menschen in unterschiedlichen Kulturen an, so werden biozentrische oder anthropozentrische Grundpositionen selten konsistent durchgehalten (Bargatzky und Kuschel, 1994; zur Konvergenztheorie: Birnbacher, 1996). In den stark anthropozentrisch geprägten Ländern des Westens werden für das Wohlergehen und die Gesundheit der eigenen Haustiere mehr finanzielle Ressourcen aufgewandt als zur Rettung von Menschenleben in anderen Ländern. In den von biozentrischen Auffassungen geprägten fernöstlichen Ländern wird die Natur häufig noch radikaler ausgebeutet als in den Industrienationen des Westens. Dieses inkonsequente Handeln ist keine Rechtfertigung für die eine oder andere Sichtweise, sondern mahnt nur zur Vorsicht, bei der Festlegung von weiteren Nutzungsregeln keine extremen und damit nicht einlösbaren Forderungen zu stellen.

Auch unter ethischen Gesichtspunkten ist ein reiner Anthropozentrismus ebenso abzulehnen wie ein reiner Biozentrismus. Wenn, um nur ein Argument aufzugreifen, das Recht auf menschliche Unversehrtheit im wesentlichen dadurch begründet ist, die Verursachung von Schmerzen durch andere als vermeidungspflichtig anzusehen, dann muß diese Überlegung zweifelsohne auch auf die Lebewesen angewandt werden, die ebenfalls Schmerzen empfinden können (Stichwort: Pathozentrismus). Hier kann also der reine Anthropozentrismus nicht überzeugen. Umgekehrt sind bei einem rein biozentrischen Ansatz die primären Prinzipien von Freiheit, Gleichheit und Menschenwürde überhaupt nicht einzulösen, wenn jeder Teil der belebten Natur ein gleiches Recht auf die Nutzung der Umwelt beanspruchen würde. Unter diesen Umständen müßten die Menschen auf Ackerbau, Umwandlung von Natur- in Nutzfläche sowie auf Züchtung von Nutz- und Haustieren, die nach menschlichen Bedürfnissen ausgerichtet werden, verzichten. Sobald man aber den Biozentrismus auf Arten und nicht auf Individuen bezieht (die geschützt werden sollen), wird automatisch eine Vorrangstellung des Menschen impliziert; denn, wenn es um den Menschen geht, wird bei nahezu allen ethischen Schulen ein individuelles Lebensrecht ab Geburt als moralisches Prinzip zugrundegelegt. Die extremen Formen des Bio- wie des Anthropozentrismus können daher wenig überzeugen und sind zudem kaum konsensfähig. In Frage kommen also nur ein moderater Anthropozentrismus oder ein moderater Biozentrismus.

Es würde den Rahmen dieses WBGU-Sondergutachtens sprengen, die Argumente für und gegen die gemäßigt anthropozentrische wie gemäßigt biozentrische Lösung hier im Detail Revue passieren zu lassen. Für beide Sichtweisen gibt es stichhaltige Argumente; an dieser Stelle muß man, wie in Kapitel 2.1 bereits erwähnt, nach exogenen Kriterien oder eigenen Präferenzen entscheiden. Dabei ist eine Entscheidung nicht allzu gravierend, denn im Endeffekt unterscheiden sich die beiden moderaten Auffassungen nur wenig in ihren praktischen Implikationen und konkreten Verhaltensnormen (Norton, 1991; Birnbacher, 1996; Ott, 1996). Es macht in praktischen Abwägungsfragen meist keinen Unterschied, ob man nun den moderaten Biozentrismus oder den moderaten Anthropozentrismus verfolgt.

Der Beirat ist in dieser Frage zu dem Schluß gekommen, daß aus logischen wie pragmatischen Gesichtspunkten ein moderater Anthropozentrismus zu bevorzugen ist. Die Gründe dafür lassen sich wie folgt zusammenfassen:

Logische Ableitung: Die Menschen können Natur kognitiv und normativ nur aus ihrer eigenen menschlichen Sichtweise wahrnehmen und bewerten. Wenn man davon ausgeht, daß das subjektive Erkennen von Folgen des eigenen

Handelns nur dem Menschen zukommt (kognitiver Anthropozentrismus) und die Aufstellung und Befolgung ethischer Normen nur als Ansprüche an den Menschen und nicht an die Natur als Ganzes oder ihre Elemente Sinn machen (normativer Anthropozentrismus), ist eine „gemäßigte" anthropozentrische Sicht des Mensch-Natur-Verhältnisses logisch überzeugender als biozentrische Sichtweisen. Biozentrische Auffassungen setzen nämlich voraus, daß der Mensch qua Einsicht oder Empathie die Ziele und Interessen der belebten oder sogar unbelebten Natur erkennen könne. Dieser Anspruch läßt sich aber grundsätzlich nicht einlösen, weil die Natur keine vom menschlichen Denken, Mitfühlen und Spekulieren unabhängige Bestätigung oder Widerlegung derartiger Ansprüche vornehmen kann. Auch wenn gewisse Ähnlichkeiten zwischen Lebewesen (etwa bei Säugetieren) treuhänderische Verantwortung ermöglichen, bleibt diese dennoch daran gebunden, daß der Mensch zu wissen glaubt, was moralisch gut für das jeweilige Lebewesen oder die Natur als Ganzes sein mag. Dieses Argument spricht auch gegen die sogenannten holistischen Naturethiken, die eine Gesamtschau der Natur fordern (siehe dazu Galert, 1998). Der unvermeidbare Anthromorphismus im Denken erzwingt zwar keine anthropozentrische Sichtweise, legt diese aber nahe (Mittelstraß, 1995).

Normative Ableitung: Grundsätzlich lassen sich Normen im Rahmen von Moralsystemen auch auf Subjekte ausdehnen, die weder dazu ihre Zustimmung gegeben haben noch eigene Interessen äußern können. Dies wird auch seit langem praktiziert, etwa bei Normen zum Schutz von Embryonen oder zur treuhänderischen Verantwortung gegenüber geistig behinderten Menschen oder noch nicht geborenen Generationen (Gethmann, 1996; Revermann, 1998). Dabei wird allerdings unterstellt, daß die Kriterien für ein „gutes" Leben bei diesen Zielgruppen nicht wesentlich verschieden sind von denjenigen, die diese Normen aufstellen und durchsetzen. Bei der Frage nach der Übertragbarkeit dieser Kriterien auf Organismen oder sogar die unbelebte Natur gibt es bestenfalls partielle Überschneidungen, etwa bei der Norm, schmerzempfindlichen Lebewesen keine Schmerzen und

Qualen zuzufügen. Schon die auf den ersten Blick naheliegende Forderung, die Natur so zu belassen wie sie (geworden) ist, verfängt sich in den Fallstricken des naturalistischen Fehlschlusses. Keiner weiß, ob die Natur, sofern sie „frei“ darüber entscheiden könnte, genau so gestaltet sein möchte, wie sie gerade jetzt erscheint. Die normative Kraft des Faktischen ist eine menschliche Erfindung, keine naturgegebene Bedingung ethischer Urteilsbildung. Ob es einen Sinn oder ein Entwicklungsziel der kosmischen Ordnung gibt, wird uns auch weiterhin ein Rätsel bleiben, selbst wenn wir die Mechanismen der Evolution recht gut zu kennen glauben. Es sind wir Menschen, die Natur interpretieren und Ziele zur Umweltgestaltung setzen, die sich wiederum nicht aus der Natur selbst ableiten lassen. Noch weniger können wir zuverlässige Aussagen darüber machen, wie in der Natur so zentrale menschliche Werte wie soziale Gerechtigkeit oder Persönlichkeitsentfaltung zur Geltung gebracht werden können. Vielfalt zu erhalten, geochemische Kreislaufprozesse nicht zu stören, die Schönheit der Landschaften nicht zu gefährden – alle diese Ziele berühren zutiefst menschliche Interessen und Werte, die in sich selbst schlüssig begründet werden können, ohne in die Spekulation einer logisch kaum nachvollziehbaren Übertragung menschlicher Moralsysteme auf die Natur als ganzes oder Teile von ihr ausweichen zu müssen. In den Bereichen, in denen eine Übertragung zweifelsfrei plausibel erscheint, ist diese auch mit der Perspektive eines moderaten Anthropozentrismus vereinbar (etwa beim Pathozentrismus).

Pragmatische Begründung: Zu dem logischen und dem normativen Argument kommt der pragmatische Vorteil, daß in den meisten internationalen Verhandlungen eine moderat anthropozentrische Sichtweise eher auf Konsens stoßen wird als eine biozentrische, auch wenn in einer Reihe internationaler Dokumente und Konventionen auf den intrinsischen Wert der Biosphäre verwiesen wird. Gerade der Begriff der Nachhaltigkeit, der sich international als Leitidee durchgesetzt hat, geht von einem anthropozentrischen Weltbild aus (Schellnhuber, 1998; Knaus und Renn, 1998). Die Interpretation der Nachhaltigkeit als Verteilungsnorm zwischen den Generationen in der Tradition des Brundtland-Berichts setzt den Menschen und seine Nachkommen in das Zentrum der Überlegungen im Sinn einer moderaten Deutung der Anthropozentrik.

Das Naturbild, das den Überlegungen in diesem Gutachten zugrunde gelegt wird, betont gegenüber biozentrischen Auffassungen die Einzigartigkeit des Menschen, impliziert aber keinen Freibrief für einen verschwenderischen und sorglosen Umgang mit Natur. Die Verpflichtung des Menschen, Natur – auch für die kommenden Generationen – zu erhalten, leitet dieser Anthropozentrismus aus der lebenserhaltenden und lebensverschönernden Bedeutung der Natur für den Menschen ab. Dabei geht es nicht nur um den instrumentellen Wert der Natur als „Ressourcenlager", es geht auch um die Funktion der Natur als Spenderin von Inspiration, spiritueller Erfahrung, Schönheit und Ruhe (Birnbacher und Schicha, 1996). Wichtig ist dabei, daß der Mensch – als Adressat der moralischen Norm – die Natur nicht nur als Material und Mittel zur eigenen Selbstverwirklichung sieht, sondern auch über den objektivierbaren und technisch verfügbaren Nutzen hinaus Verantwortung für die Erhaltung ihrer kulturellen und sozialen Funktion sowie ihres Existenzwerts übernehmen kann (Honnefelder, 1993).

Einer der ersten, der diese Verantwortung der Vormundschaft des Menschen für die Natur geradezu poetisch zum Ausdruck gebracht hat, war der amerikanische Ökologe Aldo Leopold, der bereits in den 30er Jahren mit dem Aufsatz „The Conservation Ethics" auf die besondere Verantwortung des Menschen für die Existenzwerte von Natur und Land hinwies. Sein bekanntestes Werk „A Sand County Almanac", das erst 1992 ins Deutsche unter dem Titel „Am Anfang war die Erde" übersetzt wurde, ist von dem Versuch getragen, aus dem Blickwinkel des Landes (eines Berges oder eines Tieres) das menschliche Tun zu beobachten und zu bewerten. Dabei war diese Perspektive auch für Leopold eine zutiefst menschlich geprägte Konstruktion, die aber auf der Basis von Empathie und Perspektivverschiebung grundlegende Einsichten über die Beziehung von Mensch und Natur zutage förderte. Seine Sichtweise hat die amerikanische Umweltethik wie auch die Haltung der sogenannten „Conservationists“ stark beeinflußt. Die Idee der Vormundschaft (stewardship) hat in nahezu alle Lehrbücher der Ökologie und des Naturschutzes Eingang gefunden (Picket et al., 1997).

Der Mensch ist also moralisch dazu angehalten, gegenüber der belebten Natur eine Art Vormundschaft auszuüben, weil die Natur aus sich heraus keine eigenen Rechte beanspruchen kann, dennoch aber eine für den Menschen wichtige und über den wirtschaftlichen Nutzwert hinausgehende Wertigkeit besitzt (Hösle, 1991).

3 Spezielle Prinzipien und Normen zur Nutzung der Biosphäre

3.1 Die Notwendigkeit menschlicher Interventionen in die Biosphäre

Aus der Festlegung für einen moderaten Anthropozentrismus und der Gültigkeit der allgemein anerkannten primären Prinzipen des menschlichen Zusammenlebens lassen sich zwar schon einige wichtige Rückschlüsse für die ethische Beurteilung der Biosphärennutzung durch den Menschen ziehen. Sie reichen aber noch lange nicht aus, konkurrierende Normen der Nutzung vergleichend miteinander zu beurteilen.

Da die Mit- und Nachwelt in jedem Fall mehr Naturressourcen nutzt bzw. nutzen wird, als es einer Lebensweise entsprechen würde, die im Einklang mit den gegebenen natürlichen Verhältnissen stünde, führt kein Weg daran vorbei, Naturflächen in anthropogen bestimmte Nutzflächen umzuwandeln (Mohr, 1995). Von vielen Seiten werden Eingriffe des Menschen in die natürlichen Kreisläufe als Verstöße gegen geltende moralische Normen des Naturerhalts (etwa festgemacht am Postulat der Nachhaltigkeit) kritisiert. Doch sollte man sich hier vor voreiligen Schlüssen hüten, wie am Beispiel des Artenschutzes sichtbar. Wenn es beispielsweise um natürliche Objekte oder Erscheinungen geht, die sich als Gefahr für menschliche oder auch nicht-menschliche Lebewesen entpuppen, wird die generelle Forderung nach Naturerhalt bereits fragwürdig (Gale und Cordray, 1994).

Die Ausrottung von Cholerabakterien, HIV-Viren und anderen Krankheitserregern würden wohl die meisten Menschen nicht als moralisch verwerflich bezeichnen (Mittelstraß, 1995), wenn man Restbestände in Labors unter Verschluß hielte. Auch die Bekämpfung evolutionär hochentwickelter Lebewesen wie Kakerlaken oder Ratten findet breite Zustimmung, wenn man einmal von der Forderung nach völliger Ausrottung dieser Tierarten absieht. Eine Umweltinitiative zur Rettung von Küchenschaben dürfte kaum Anhänger gewinnen. Bei genauem Hinsehen ergibt sich die Bewertung menschlichen Tuns und Lassens in den genannten Beispielen aus einem Konflikt. Weil die Erhaltung der Arten mit dem Ziel der Erhaltung menschlicher Gesundheit oder dem Ziel eines hygienischen Wohnumfelds konkurriert, stehen sich zwei möglicherweise gleichrangige Prinzipien gegenüber. In diesem Fall muß eine Abwägung zwischen Handlungsoptionen, die alle eine graduelle Verletzung eines Prinzips oder mehrerer Prinzipien nach sich ziehen können, vorgenommen werden. Ein generelles Verbot, eine Art auszurotten, kann demnach nicht ethisch begründet werden, es sei denn, man würde den Erhalt menschlicher Gesundheit niedriger einstufen als den Erhalt einer Art. Dies wäre aber aus dem Blickwinkel des moderaten Anthropozentrismus nicht zu rechtfertigen.

Bei der Frage nach dem Arterhalt ist also eine Abwägung zwischen unterschiedlichen Gütern vorzunehmen. Die Natur selbst kann dem Menschen nicht zeigen, was unbedingt zu erhalten ist und wieviel an Natur für wertvolle Güter eingetauscht werden kann. Verantwortlich für eine Entscheidung und die daraus erwachsenden Konflikte zwischen konkurrierenden Zielen ist allein der Mensch. Abwägungs- und Aushandlungsprozesse stellen deshalb den Kern der Überlegungen um die ethische Begründung von Nutzungsregeln der Biosphäre dar.

Dies bedeutet aber nicht, daß in der Frage der Biosphärennutzung kein Raum für kategorische Urteile nach der Art: „Dies oder jenes ist in jedem Fall zu unterlassen" bestünde. Aus dem Grundprinzip des Erhalts menschlichen Lebens folgt, daß alle Eingriffe des Menschen, bei denen die Existenzfähigkeit der menschlichen Gattung insgesamt oder eines nennenswerten Teils der heute oder künftig lebenden Individuen gefährdet ist, kategorisch zu unterlassen seien. Diese Eingriffe werden vom Beirat als Gefährdungen der systemaren Funktionen der Biosphäre bezeichnet. Solche Gefährdungen stellen eine der Leitplanken dar, die unter keinen Umständen überschritten werden dürfen, selbst wenn mit diesem Überschreiten ein hoher Nutzen verbunden wäre. In der Sprache der Ethik ist dies ein kategorisches Prinzip, in der Sprache der Ökonomie ein nicht tauschfähiges Gut. Mit der „Keule" der kategorischen Verbote sollte man jedoch sehr sparsam umgehen, weil sich bei den meisten Prinzipien immer wieder plausible Ausnahmen ausdenken lassen, deren partielle Überschreitung intuitiv sinnvoll erscheint (etwa Notwehr als Ausnahme zum Tötungsverbot). Im Fall der Existenzbedrohung ist aber die kategorische Ablehnung der dazu führenden Verhaltensweisen direkt und unmittelbar einsichtig.

3.2 Die Anwendung kategorischer Prinzipien beim Biosphärenschutz

Was bedeutet die Aufnahme kategorischer Prinzipien konkret für die politische Gestaltung des Biosphärenschutzes? Eine Reihe von Autoren hat in der Vergangenheit versucht, die Mindestanforderungen an ein ethisch vertretbares Moralsystem in bezug auf Biosphärennutzung festzulegen. Diese sogenannten „safe minimum standards" legen Grenzmarkierungen auf der nach oben offenen Meßskala der Folgen menschlicher Eingriffe fest, die auch bei Aussicht auf hohen Nutzengewinn nicht überschritten werden dürfen (Randall, 1988; Randall und Farmer, 1995). Um diese Grenzwerte näher festzulegen, ist die vom Beirat vorgeschlagene Aufteilung in drei Ebenen hilfreich (WBGU, 2000), und zwar in:

- die globalen biogeochemischen Kreisläufe, bei denen die Biosphäre als Mitverursacher, Modulator oder auch „Nutznießer" beteiligt ist,
- die Diversität von Ökosystemen und Landschaften, die als Träger der Vielfalt in der Biosphäre tragende Funktion haben,
- die genetische Vielfalt und die Artenvielfalt, die sowohl „Modelliermasse der Evolution" als auch Grundelemente ökosystemarer Funktion und Dynamik darstellen.

Wenn es um die erste Ebene geht, bei der die Funktionsfähigkeit des globalen Ökosystems auf dem Spiel steht, sind kategorische Prinzipien offenbar notwendig und sinnvoll, sofern man am primären Prinzip des dauerhaften Erhalts der Menschheit nicht rütteln will. *Kategorisch verboten sind demgemäß alle Eingriffe, bei denen wichtige Stoff- oder Energiekreisläufe auf globaler Ebene nennenswert beeinflußt werden und global wirksame negative Auswirkungen zu erwarten sind.* In der Regel braucht dabei kein stringenter kausaler Beweis für die Schädlichkeit global relevanter Interventionen vorzuliegen, ein hinreichender Verdacht auf eine solche Schädlichkeit sollte ausreichen. Wie man mit dem Problem der Unsicherheit bei möglichen katastrophalen Schadenspotentialen umgehen soll, hat der Beirat bereits in seinem Risikogutachten eingehend dargelegt (Risikotyp Kassandra: WBGU, 1999).

Auf der zweiten Ebene, dem Schutz von Ökosystemen und Landschaften, ist es schon schwieriger, kategorische Regeln aufzustellen. Zunächst ist einleuchtend, daß alle Eingriffe in Landschaften, bei denen die auf der ersten Ebene angesprochenen globalen Funktionen gefährdet sind, nicht erfolgen dürfen. Darüber hinaus ist es aus Vorsorgegesichtspunkten klug, eine möglichst große ökosystemare Vielfalt zu erhalten, um den Grad der Verwundbarkeit gegenüber nicht vorhergesehenen oder sogar nicht vorhersehbaren Folgen anthropogener und nichtanthropopgener Eingriffe gering zu halten. Auch wenn es schwierig ist, aus der Beobachtung der Evolution Erkenntnisse für menschliche Verhaltensweisen abzuleiten, so scheint doch die empirisch belegte Aussage „Wer alles auf eine Karte setzt, verliert langfristig immer" eine universell gültige Einsicht in die Funktionsweise systemar organisierter Wechselbeziehungen darzustellen. Aus diesem Grund ist der Erhalt der natürlichen Vielfalt von Ökosystemen und Landschaftsformen ein kategorisches Prinzip, während die Festlegung der jeweils erlaubten Eingriffstiefe auf der Basis kompensationsfähiger Prinzipien und Normen erfolgen soll.

Ähnliches gilt auch für die dritte Ebene, den Gen- und Artenschutz. Auch hier ist zunächst einmal die Kausalkette:

Arterhalt, Landschaftserhalt, globaler Funktionserhalt aufzustellen. Dort, wo diese Kette schlüssig nachzuweisen ist, sollte wiederum ein kategorisches Gebot des Erhalts gelten. Man könnte diese Arten als *„primäre Schlüsselarten"* bezeichnen. Darunter sind solche Arten zu verstehen, die durch ihre besondere Stellung im Ökosystem nicht nur essentiell sind für den besonderen Landschaftstyp, in dem sie auftreten, sondern über diesen spezifischen Landschaftstyp hinaus auch für die globalen Kreisläufe. Wahrscheinlich werden nicht allzu viele Arten unter diese Rubrik einzuordnen sein, aber man könnte auch an Gruppen von Arten denken, etwa humusbildende Bakterien. An zweiter Stelle folgen die Arten, die für bestimmte Ökosysteme oder Landschaften prägend sind. Sie werden hier als *„sekundäre Schlüsselarten"* bezeichnet. Auch sie stehen unter einem besonderen Schutz, der aber nicht mehr zwingend unter kategorischem Vorbehalt steht. Ihr funktionaler Wert verdient aber besondere Beachtung. Unterhalb dieser beiden Arttypen stehen die übrigen Arten, die in mehr oder weniger großem Ausmaß ökosystemare Funktionen wahrnehmen. Was das für die Schutzwürdigkeit dieser Arten bedeutet und an welcher Stelle man die genaue Grenze des erlaubten Eingriffs ziehen darf, ist eine Frage, die man nicht mehr mit kategorischen, sondern nur noch mit Hilfe kompensationsfähiger Prinzipien und Normen lösen kann. Generell ist auch hier wie bei der Frage des Ökosystem- und Landschaftsschutzes, der Erhalt der Vielfalt als Strategie der „Rückversicherung" gegen Unwissenheit, globale Risiken und unvorhersehbare Überraschungen zu empfehlen.

Festzuhalten bleibt, daß aus systemarer Sicht ein kategorisches Verbot für alle Eingriffe des Menschen gelten muß, bei dem globale Regelkreise nachweislich gefährdet sind (Leitplankenmodell des WBGU). Darüber hinaus ist es sinnvoll, den Erhalt der Vielfalt von Landschaften (auch der ökosystemaren Vielfalt innerhalb von Landschaften) sowie der Gen- und Artenvielfalt als Grundprinzipien anzuerkennen, ohne damit kategorische Urteile über einzelne Landschaftstypen oder bestimmte Arten abgeben zu können.

3.3 Die Anwendung kompensationsfähiger Prinzipien und Normen beim Biosphärenschutz

Um die Frage nach der Bewertung von partiellen Verletzungen *kompensationsfähiger* Prinzipien oder Normen, die bei der Frage nach dem Erhalt spezieller Arten, Ökosysteme oder Landschaften herangezogen werden, zu beantworten, benötigt man Entscheidungsregeln, die die Abwägung erleichtern. In der heutigen Debatte um Nutzungsregeln für Umwelt und Natur werden überwiegend teleologische Bewertungsverfahren vorgeschlagen (Hubig, 1993; Ott, 1993). Diese Verfahren sind darauf ausgerichtet,

- die möglichen Folgen verschiedener Handlungsoptionen auf allen normrelevanten Dimensionen abzuschätzen,
- die Verletzungen bzw. Erfüllungen dieser erwarteten Konsequenzen im Licht der Normen und Prinzipien zu erfassen und
- diese schließlich nach einem internen Schlüssel so zu gewichten, daß eine ausgewogene Abwägung zustande kommen kann.

Auf der positiven Seite der Abwägung stehen die durch Nutzung geschaffenen wirtschaftlichen und kulturellen Werte, etwa in Form von Einkommen, Subsistenz (Selbstversorgung) oder einem ästhetisch ansprechenden Landschaftsbild (Parks, Ziergärten usw.); auf der negativen Seite stehen die Zerstörung gegenwärtiger oder künftiger Nutzungspotentiale, der Verlust von unbekannten, aber in Zukunft möglicherweise benötigten Naturressourcen und die Verletzung ästhetischer, kultureller oder religiöser Attribute, die mit Umwelt und Natur verbunden werden.

Auf beiden Seiten der Gleichung stehen also durchaus verwandte Kategorien: heutige Nutzung gegenüber Nutzungsmöglichkeiten in der Zukunft, Entwicklungspotentiale der heutigen Nutzung gegenüber Optionswerten für künftige Nutzung, Umweltgestaltung durch Nutzung gegenüber Umweltbeeinträchtigung durch alternative Nutzung usw. Bei gleichen oder ähnlichen Kategorien auf der Haben- und Sollseite der Abwägungsbilanz ist die Entscheidung dann einfach, wenn es eine Option gibt, die auf allen Kategorien besser oder schlechter abschneidet als alle anderen Optionen. Eine solche sögenannte *dominante* (auf allen Kategorien die beste) oder *subdominante Option* (auf allen Kategorien die schlechteste) ist zwar in der Realität selten, es gibt aber durchaus Beispiele für dominante bzw. subdominante Lösungen. So kann man etwa den Raubbau an den Wäldern Kalimantans auf der Insel Borneo in Indonesien als subdominante Option einordnen, da der kurzfristige Nutzengewinn selbst bei sehr hohen Diskontsätzen in keinem Verhältnis steht zu den langfristigen Nutzenverlusten, die mit einer mit *Imperata*-Gras bewachsenen Ödfläche verbunden sind. Die Rekultivierung einer solchen Ödfläche erfordert um ein vielfaches mehr Mittel, als der Erlös aus dem Holzverkauf einschließlich Zinsen einbringt. Offensichtlich gibt es auch keine kulturellen, ästhetischen oder religiösen Gründe für eine Umwandlung von Primär- oder Sekundärwald in Grasland. Damit ist die Option der Abholzung auf allen Kriterien, auch der wirtschaftlichen und sozialen, als minderwertig gegenüber alternativen Optionen einzuschätzen. Allenfalls läßt sich von einer Gewohnheit sprechen, den Regenwald als „nicht erhaltenswertes Biotop" der kurzfristigen Nutzung zu überlassen. Gewohnheit stellt jedoch keinen stichhaltigen Grund für die Wahl dieser suboptimalen Option dar. Denn wie zu Beginn des zweiten Kapitels ausgeführt, besitzt die Gewohnheit als gelebte Sittlichkeit keine normative Kraft, vor allem dann, wenn diese auf der Illusion der Marginalität des eigenen Verhaltens oder des Nichtwissens über nachhaltige Nutzungsformen beruht.

Sieht man von den dominanten bzw. subdominanten Lösungen ab, dann ist eine Abwägung zwischen Optionen, die kompensationsfähige Normen und Prinzipien verletzen bzw. erfüllen, von zwei Voraussetzungen abhängig: bestmögliches Folgewissen (Was geschieht, wenn ich Option A anstelle von B wähle) und ein nachvollziehbarer, konsistenter Abwägungsprozeß (Sind die erwartbaren Folgen von A wünschenswerter oder erträglicher als die Folgen von Option B?) (Akademie der Wissenschaften, 1992).

3.4 Wissen und Werte als Grundlage für Abwägungsprozesse

Adäquates Folgewissen ist notwendig, um die systemaren Zusammenhänge zwischen Nutzungsformen, Reaktionen der Ökosysteme auf menschliche Interventionen und soziokulturelle Bedingungsfaktoren aufzudecken (Wolters, 1995). Mit dem *Syndromkonzept* des Beirats sind eine Reihe solcher systemarer Zusammenhänge erfaßt worden. Die einzelnen Systemelemente werden dabei durch Erkenntnisse der verschiedenen Wissenschaftsdisziplinen in ihrer Wirkungsweise identifiziert und dann in ein disziplinenübergreifendes Beziehungsgeflecht integriert (WBGU, 1998). Die angewandte ökologische Forschung hat beispielsweise die Aufgabe zu zeigen, welche Folgen menschliche Eingriffe auf die natürliche Umwelt haben und in welcher Weise Ökosysteme durch unterschiedliche Nutzungskonzepte und -praktiken belastet werden. Der ökonomische Denkansatz liefert eine nutzenorientierte Bewertung natürlicher und künstlicher Ressourcen im Rahmen von Produktion und Konsum sowie eine Bewertung von Transformationsprozessen nach dem Kriterium der Effizienz. Die Kultur- und Sozialwissenschaften untersuchen die Rückkopplungseffekte zwischen Nutzung, sozialer Entwicklung und kulturellem Selbstverständnis. Sie bilden die dynamische Wechselwirkung zwischen Nutzungsformen, sozio-kulturellen Lebensstilen und Steuerungsformen ab. Die interdisziplinäre, problemorientierte und systembezogene Forschung trägt dazu bei, einen Grundstock an Erkenntnissen und Einsichten über Funktionszusammenhänge im Verhältnis zwischen Mensch und Umwelt auszubilden und auch konstruktive Vorschläge zu entwikkeln, wie die Grundfrage einer ethisch gerechtfertigten Nutzung der Biosphäre in Abstimmung zwischen den betreffenden Akteuren beantwortet werden kann. Alle diese Aspekte werden in den Fachkapiteln des WBGU-Jahresgutachtens 1999 (WBGU, 2000) ausführlich erörtert.

Zur Sicherung eines ausreichenden Biosphärenschutzes ist demnach wissenschaftliche Forschung, vor allem aber transdisziplinäre Systemforschung an der Nahtstelle zwischen Natur- und Sozialwissenschaften unabdingbar. Das Zusammentragen der Ergebnisse interdisziplinärer Forschung, die politikrelevante Auswahl der Wissensbestände und die ausgewogene Interpretation in einem Umfeld von Unsicherheit und Ambivalenz sind schwierige Aufgaben, die in erster Linie vom Wissenschaftssystem selbst geleistet werden müssen. Wie dies in methodisch sorgfältiger, gegenüber der Fülle des Stoffes souveräner und politisch neutraler Form geschehen kann, soll hier nicht weiter erörtert werden. Initiativen wie das UNESCO-Programm „Ethik in der Wissenschaft" zeigen Wege, wissenschaftliche Politikberatung verantwortungsvoll und sachgerecht zu gestalten.

Wissen allein reicht aber nicht. Um effektiv und effizient handeln zu können und dabei ethische Grundsätze zu beachten, ist es notwendig, den *Abwägungsprozeß* zwischen den verschiedenen Handlungsoptionen *nach rationalen Kriterien* zu gestalten (Gethmann, 1998). Dazu ist zunächst notwendig, die Dimensionen zu identifizieren, die für eine Bewertung herangezogen werden sollten. Die Diskussion um die der Bewertung zugrunde liegenden Wertdimensionen ist eines der am meisten bearbeiteten Themen innerhalb der Umweltethik. Unter den verschiedenen Wissenschaftszweigen hat sich insbesondere die Ökonomie dieser Fragestellung angenommen. Daher wird im folgenden der ökonomische Ansatz zur Bewertung biosphärischer Leistungen (im folgenden verkürzt „ökonomische Bewertung" genannt) vorgestellt und diskutiert.

4 Ökonomische Bewertung biosphärischer Leistungen

4.1 Ökonomische Bewertung als Ausprägung einer speziellen Bewertungsethik

Die Diskussion über ethische Prinzipien und Normen zum Schutz und zur Nutzung der Biosphäre hat gezeigt, daß Kriterien gefunden werden müssen, nach denen eine Einteilung in kategorische und kompensationsfähige Prinzipien erfolgen kann. Zudem werden Entscheidungshilfen benötigt, wenn kompensationsfähige Prinzipien angewandt werden.

Genau solche Kosten-Nutzen-Abwägungen, wie sie auch bei kompensationsfähigen Prinzipien angewendet werden sollen, stehen im Mittelpunkt des ökonomischen Denkansatzes, speziell bei der ökonomischen Herangehensweise in der Biosphärenpolitik. Somit ist hier die geeignete Stelle, um ethische und ökonomische Bewertungsansätze miteinander zu verknüpfen. Es ist ein besonderes Anliegen des Beirats, Ökonomie und Ethik nicht als Gegensätze bei der Bewertung der Biosphäre anzusehen, sondern vielmehr als zwei sich ergänzende Ansätze, wobei die auf Effizienz gewichteten Normen der Ökonomie in den übergeordneten Begriff „Ethik“ eingeordnet werden können. Dies bedeutet, daß der ökonomische Bewertungsansatz als Ausprägung einer speziellen Bewertungsethik gesehen wird, denn auch die ökonomische Bewertungstheorie besitzt in Form des Konzepts des „sozialen Subjektivismus“ eine ethische Basis. Diese ethische Theorie wird im wesentlichen durch drei Komponenten bestimmt (Marggraf und Streb, 1997):

- *Utilitaristische Werttheorie:* Nach dieser Theorie ist ausschließlich das Wohlergehen konkreter menschlicher Individuen von Wert. Spekulationen über Nutzenfunktionen von Institutionen (Staat, Unternehmen usw.) werden aus der Analyse ausgeschlossen.
- *Aggregation individueller Interessen:* Zur Bewertung eines Sachverhalts werden die individuellen Interessen addiert.

Hierzu existieren unterschiedliche Möglichkeiten, die alle einer intensiven ethischen Diskussion unterliegen, aber an dieser Stelle nicht detailliert erläutert werden sollen.
- *Konsequentialistisches Kriterium richtigen Handelns:* Eine Handlung wird dann als richtig angesehen, wenn ihre Folgen für die Individuen insgesamt gesehen positiv sind. Die gesamtwirtschaftliche Bewertung der Handlung muß zu einem positiven Ergebnis kommen.

Die These, daß sich ethische und ökonomische Bewertungsansätze nicht konträr gegenüberstehen, sondern auch die Ökonomie eine ethische Basis in Form des „sozialen Subjektivismus" besitzt, ist erkenntnisleitend für das gesamte Kapitel 4.

Im folgenden wird nach ökonomischen Kriterien und Argumenten gesucht, die in einem übergeordneten ethischen Bewertungskonzept angewandt werden können. Die Ökonomie kann sowohl Kriterien für die Abgrenzung zwischen kategorischen und kompensationsfähigen Kriterien ableiten als auch Kriterien benennen, die bei einem nachvollziehbaren, konsistenten Abwägungsprozeß unterstützend herangezogen werden können. Mit Blick auf diese Argumentation strebt der Beirat zwar an, die Vorteile des ökonomischen Bewertungsansatzes herauszuarbeiten und eine stärkere Berücksichtigung ökonomischer Überlegungen beim Biosphärenschutz zu fordern. Jedoch spricht er sich nicht einseitig für den ökonomischen Bewertungsansatz aus, sondern stellt eine klare Verknüpfung zwischen Ethik und Ökonomie her, ohne dem ökonomischen Ansatz Priorität einzuräumen.

Aufbauend auf diesen einleitenden Ausführungen über das Verhältnis von Ökonomie und Ethik werden zunächst die methodischen Grundlagen und der Erklärungsanspruch ökonomischer Bewertungsansätze dargestellt (Kap. 4.2). Anschließend wird die grundlegende Vorgehensweise bei einer ökonomischen Bewertung der Biosphäre vorgestellt (Kap. 4.3). Ein wichtiger Schritt ist hierbei die Ermittlung von Wertkategorien, die der Biosphäre zugeschrieben werden können (Kap. 4.4). Das ökonomische Kalkül läßt sich nicht uneingeschränkt auf die Bewertung der Biosphäre übertragen. Von daher ist auch eine Diskussion über die Grenzen des ökonomischen Bewertungsansatzes erforderlich (Kap. 4.5). Nachdem die Frage der Anwendbarkeit geklärt ist, werden Bewertungsverfahren zur Ermittlung individueller Zahlungsbereitschaften benötigt (Kap. 4.6). Die Vielzahl der existierenden Wertdimensionen erschwert die Auswahl von Handlungsoptionen. Daher versucht der Beirat in einem nächsten Schritt, die Wertkategorien aus globaler Perspektive in eine Rangfolge zu bringen (Kap. 4.7). Den Abschluß bildet ein Ausblick, verbunden mit einer Forschungsempfehlung, inwieweit sich ökonomische Bewertungsansätze mit dem Nachhaltigkeitsgebot verknüpfen lassen (Kap. 4.8).

4.2 Methodische Grundlagen und Erklärungsanspruch ökonomischer Bewertungen

Methodisch bauen ökonomischer Bewertungen auf der Monetarisierung individueller Präferenzen auf. Für die Politik, aber auch für die betroffenen Bürger besteht der Kunstgriff ökonomischer Bewertungsverfahren darin, die von den Bürgern gewünschten und von der Politik umgesetzten Handlungsalternativen in Geldgrößen auszudrücken. Auf diese Weise werden quantitative Grundlagen für politische Entscheidungen geschaffen. Auch wenn die Monetarisierung nicht immer gelingt, bleibt sie doch das erstrebenswerte Ziel. Ökonomische Bewertungen sehen sich aufgrund der Ermittlung monetärer Werte für die natürliche Umwelt häufig scharfer Kritik ausgesetzt. Eine ökonomische Bewertung kann allerdings weit mehr sein als der Vorgang einer reinen Monetarisierung, und die Kritik an diesem Ansatz sollte immer den Rahmen des Erklärungsanspruchs der Bewertungsmethode berücksichtigen.

Die Monetarisierung schafft erst die Voraussetzung, ökonomische Bewertungsverfahren auf die Umwelt – hier auf die Bewertung biosphärischer Leistungen – anzuwenden. Aufbauend auf dem Anthropozentrismus sieht die Ökonomie im Menschen die zentrale Instanz zur Ableitung monetärer Werte. Demgegenüber spricht die biozentrische Sichtweise der Natur einen intrinsischen Wert zu, der unabhängig von individuellen Präferenzen existiert, und lehnt demzufolge die Übertragung des ökonomischen Kalküls auf die Umwelt ab. Um diesen Konflikt zwischen Anthropozentrikern und Biozentrikern ein wenig abzuschwächen, sind zunächst die methodischen Grundlagen der ökonomischen Bewertung darzustellen. Von besonderer Bedeutung ist in diesem Zusammenhang außerdem, den Erklärungsanspruch näher zu erläutern, der einer ökonomischen Bewertung zugrunde liegt.

Ausgangspunkt ökonomischer Bewertungen sind die Präferenzen der Individuen. Sie bilden den Bezugspunkt für den auf der neoklassischen Wohlfahrtsökonomie beruhenden Bewertungsansatz. Neben dem Augenmerk auf das Individuum ist der Wunsch nach individueller Nutzenmaximierung die zweite Annahme des ökonomischen Bewertungsansatzes, d.h. die Individuen streben die Verwirklichung derjenigen Handlungsalternative an, die ihnen den höchsten Nutzen stiftet.

Basierend auf diesen grundlegenden Annahmen wird die Aufgabe ökonomischer Bewertungen auch darin gesehen, die Nutzenstiftungen verschiedener politischer Handlungsalternativen zu erfassen, zu bewerten und in einem vergleichenden Nutzenäquivalent – in der Regel handelt es sich um monetäre Größen – wiederzugeben. In ausgebauter Form findet sich dies in formalisierten Kosten-Nutzen-Analysen. Sie werden im politischen Bereich durchgeführt, um die Rationalität politischer Entscheidungen zu erhöhen und zur Objektivierung beizutragen (Cansier, 1996).

Bei der Beurteilung ökonomischer Bewertungen ist es von entscheidender Bedeutung, sich nicht nur kritisch mit den methodischen Grundlagen auseinanderzusetzen, sondern sich ebenso mit dem Erklärungsanspruch des ökonomischen Bewertungsansatzes zu beschäftigen. So stellt sich die Ökonomie keineswegs die Aufgabe, allen Dingen einen Wert zuzumessen. Vielmehr wird versucht, die in einer Gesellschaft meist implizit vorhandenen Bewertungen transparent und entscheidungsrelevant zu machen (Burtraw und Portney, 1991; Kosz, 1997).

Dieser Erklärungsanspruch ökonomischer Bewertungen, über eine Monetarisierung Entscheidungen transparent zu machen, wird insbesondere bei der Anwendung des ökonomischen Kalküls auf die Bewertung der Biosphäre deutlich. Entscheidungen über den Schutz der Biosphäre sind unvermeidlich. Es kann beispielsweise nicht die gesamte biologische Vielfalt in ihrem derzeitigen Bestand erhalten werden. In jedem Fall sind Abwägungsentscheidungen darüber zu treffen, in welchem Umfang der Mensch biologische Vielfalt erhalten will. Solche Entscheidungen treten zum einen explizit auf, wenn es beispielsweise darum geht, welche Flächen mit ihrem jeweiligen Arteninventar als Schutzgebiete ausgewiesen werden sollen. Zum anderen werden auch implizite Abwägungsentscheidungen in dem Sinn getroffen, daß beispielsweise der Bau einer Straße durch ein naturnahes Ökosystem zwecks wirtschaftlicher Erschließung einer Region beschlossen wird. Wenn entsprechende ökologische Überlegungen bei der Planung des Straßenbaus nicht eingeflossen sind, ist in der Entscheidung für den Bau eine implizite Wertung und Prioritätensetzung in dem Sinn enthalten, daß der wirtschaftliche Nutzen höher eingestuft worden ist als der Verlust biologischer Vielfalt, der unter Umständen mit dem Straßenbau verbunden ist.

Dem Zwang zu handeln und zu entscheiden kann sich niemand entziehen. Implizit oder explizit werden ständig Bewertungen durchgeführt (Perrings et al., 1995; Goulder und Kennedy, 1997; Weikard, 1998). Wegen dieser Unvermeidbarkeit von Entscheidungen insbesondere beim Schutz der Biosphäre sollte die Bewertungsfrage pragmatisch gesehen werden. Der Hinweis, daß die Natur intrinsische Werte aufweist, hilft bei den meisten Entscheidungsproblemen, die in der politischen Realität zu treffen sind, nicht weiter (Pearce und Moran, 1998). Der anthropozentrische Ansatz besitzt insoweit eine höhere Operationalität, als daß intrinsische Werte der Natur nicht absolut gesetzt werden. Vielmehr zielt der anthropozentrische Ansatz auf ein Abwägen zwischen unterschiedlichen Werten menschlicher Gesellschaften ab (Heister, 1997). Eine weitere Stärke anthropozentrischer Begründungen für den Erhalt biologischer Vielfalt liegt darin, daß sich anthropozentrische Ansätze direkt aus zentralen (freiheitlich-demokratischen) Grundsätzen ableiten lassen.

Mit der vom Beirat vertretenen Haltung des moderaten Anthropozentrismus ist es zugleich möglich und auch gewollt, ökologische Aspekte mit dem individuellen Kosten-Nutzen-Kalkül zu verbinden. Aufgrund ihrer integrierenden Funktion scheint die moderat anthropozentrische Naturethik die einzige zu sein, die gesellschaftliche und somit auch gesetzliche Verbindlichkeit erlangen kann. Denn nur sie baut ganz überwiegend auf den Regeln auf, die in einer zivilisierten Gesellschaft ohnehin bestehen und sie begründen (Geisendorf et al., 1998).

In diesem Sinn sollte der Versuch der Ökonomie, solche Entscheidungslagen durch eine Monetarisierung transparenter zu machen, als ein Ansatz gesehen werden, der dazu beiträgt, die ökonomische Relevanz biosphärischer Leistungen aufzuzeigen. Hierbei kommt es weniger auf eine exakte Berechnung der Nutzenstiftungen durch die Biosphäre an. Entscheidend ist vielmehr die *Demonstrationsfunktion ökonomischer Bewertungen* (Fromm, 1997). So weisen Bewertungsstudien auf die ökonomische Relevanz von Umweltproblemen hin (Repetto, 1993; Costanza et al., 1997) und leisten somit einen wichtigen Beitrag zur Sensibilisierung der Öffentlichkeit für Umweltfragen (Hampicke, 1991). Die Umrechnung, bzw. bescheidener der Versuch einer Umrechnung, von biosphärischen Leistungen in monetäre Werte ist auch deshalb sinnvoll, weil der Wert in einer „Währung“ ausgedrückt wird, die im politischen Entscheidungsprozeß verstanden und weiterverarbeitet werden kann (Daily, 1997). Die Ergebnisse ökonomischer Bewertungen können somit nicht nur als Argumente für einen anthropozentrisch ausgerichteten Naturschutz dienen. Vielmehr können sie auch für biozentrische Standpunkte hilfreich sein, zumal monetäre Werte über eine höhere Überzeugungskraft verfügen als diffus wahrgenommene intrinsische Werte (Hampicke, 1991).

4.3 Überblick über die Vorgehensweise bei einer ökonomischen Bewertung der Biosphäre

Folgende Vorgehensweise bietet sich bei einer ökonomischen Bewertung der Biosphäre an (Fromm, 1997):

- *Identifizierung der von der Biosphäre ausgehenden Nutzenstiftungen, d.h. der ökonomisch relevanten Funktionen (Mengengerüst)*: Inhaltlich kann hier auf die im Jahresgutachten 1999 erarbeiteten und diskutierten Funktionen der Biosphäre verwiesen werden (WBGU, 2000). Methodisch kann auf das Konzept des ökonomischen Gesamtwerts verwiesen werden, der unten als heuristisches Instrument zur Ermittlung der verschiedenen von der Biosphäre ausgehenden Nutzenstiftungen vorgestellt wird (Kap. 4.4).
- *Überprüfung der Anwendbarkeit des Kosten-Nutzen-Kalküls auf die Biosphäre*: Hier stehen die Kriterien der begrenzten Substituierbarkeit und der Irreversibilität von Schäden im Vordergrund, die der Anwendung des ökonomischen Kalküls Grenzen setzen. Aufgrund der Bedeutung dieses Analyseschritts wird dieser Punkt intensiver diskutiert (Kap. 4.5).
- *Monetarisierung der Nutzenstiftungen*: Hierzu existieren verschiedene Bewertungsmethoden, die indirekt über eine Analyse von Marktdaten oder direkt über Befragungen versuchen, aus individuellen Präferenzen einen ökonomischen Wert abzuleiten (Kap. 4.6).
- *Berechnung der Gegenwartswerte der monetarisierten Nutzenstiftungen*: Wenn eine Monetarisierung angestrebt wird, ist das zeitliche Profil der Leistungsströme bzw. der Beeinträchtigungen zu berücksichtigen, d.h. zukünftige Nutzen- bzw. Schadensgrößen sind auf den Gegenwartswert abzudiskontieren. Auf die komplizierten Probleme bezüglich der Wahl des geeigneten Diskontierungsfaktors zwecks Abwägung der intergenerativen Kosten und Nutzen wird hier allerdings nicht eingegangen. Diese Probleme sind zwar zentral für alle Bewertungsfragen, in diesem Gutachten sollen jedoch die biosphärenspezifischen Bewertungsaspekte im Vordergrund stehen.

Legt man eine solche Vorgehensweise bei einer ökonomischen Bewertung zugrunde, so ist unmittelbar einsichtig, daß eine ökonomische Bewertung nicht auf eine Monetarisierung beschränkt bleiben muß und sollte. Vielmehr sind bei einer ökonomischen Bewertung neben der Monetarisierung auch viele qualitative Elemente zu berücksichtigen, wie beispielsweise die Identifizierung und Beschreibung der Leistungen des Naturvermögens, hier im speziellen die Leistungen der Biosphäre (Kap. 4.4). Ein solches qualitatives Element stellt auch der zweite Analyseschritt dar, der auf die Grenzen des ökonomischen Abwägungskalküls hinweist (Kap. 4.5).

4.4 Wertkategorien biosphärischer Leistungen aus ökonomischer Sicht

Einzelne Werte und ökonomischer „Gesamtwert“

Die verschiedenen einzelnen „Werte“, die in der ökonomischen Bewertungstheorie entwickelt wurden, erfassen unterschiedliche Dimensionen des Problems (z.B. zeitlich die kurzfristig absehbare und langfristig erhoffte Nutzung) und verschiedene Ausschnitte der Biosphäre. In einer Art Gedankenexperiment kann man sich dann über alle Ausschnitte und über die Zeitachse hinweg einen ökonomischen „Gesamtwert“ vorstellen (Total Economic Value, TEV). Mit diesem „Gesamtwert“ soll die Gesamtheit an Wertaspekten eingeschlossen werden, die die Nachfrage nach Umweltgütern allgemein bestimmt (Pearce und Turner, 1990). Seine gedachten Elemente sind in Abbildung 2 aufgeführt. Zusammengefaßt ergeben sie (Meyerhoff, 1997):

TEV = [nutzungsabhängige Werte] + [nicht-nutzungsabhängige Werte]
= [Direkte Werte + Indirekte Werte + Optionswerte] + [Existenzwert + andere nicht-nutzungsabhängige Werte]

Dabei deuten die (mathematisch überflüssigen) Klammern eine gewisse Affinität bestimmter Typen von Werten an; diese sind jetzt zu erläutern (vgl. zu den Wertkategorien auch die

Ausführungen zur ökonomischen Bewertung von Süßwasser; WBGU, 1998). Zudem wird jeweils der Bezug dieser Wertkategorien zu den Gutseigenschaften der betreffenden biosphärischen Leistungen hergestellt. Es wird also geprüft, inwieweit eher ein privates oder ein öffentliches Gut vorliegt. Öffentliche Güter (Kollektivgüter) unterscheiden sich von den privaten Gütern dadurch, daß keine Rivalität im Konsum vorliegt. Außerdem kann bei ihnen das Ausschlußprinzip nicht angewandt werden. Diese Unterscheidung zwischen den beiden Güterarten (wobei in der Realität meistens Mischformen vorliegen) ist von Bedeutung sowohl bei der Entwicklung geeigneter Ansätze für Schutz und Nutzung der Biosphäre als auch für den Versuch, den ökonomischen Wert biosphärischer Leistungen zu bestimmen. Die Ermittlung individueller Präferenzen und die Umrechnung in monetäre Werte ist stark davon abhängig, ob sich die Präferenzen auf Märkten äußern (biosphärische Leistungen mit überwiegendem Privatgutcharakter) oder ob die Präferenzen auf anderem Weg, d.h. mit entsprechenden Bewertungsmethoden, ermittelt werden müssen (biosphärische Leistungen mit überwiegendem Kollektivgutcharakter).

Im Vordergrund steht in Abbildung 2 die Unterteilung in nutzungsabhängige und nicht-nutzungsabhängige Werte. Eine solche Unterteilung macht allerdings nur dann Sinn, wenn der Nutzungsbegriff eng ausgelegt wird. Die Bezeichnung „nicht-nutzungsabhängige Werte“ soll nicht suggerieren, daß mit diesen Werten kein Nutzengewinn verbunden ist. Vielmehr wird auf einen engeren Nutzungsbegriff abgestellt, der auf eine unmittelbare Nutzung der Biosphäre verbunden mit einer persönlichen Nähe zur biosphärischen Leistung abzielt. So setzt z.B. die Nutzung des Symbolwerts (wenn ein instrumenteller Wert des Symbolwerts unterstellt wird) oder des wirtschaftlichen Nutzungswerts die räumliche Nähe zur Biosphäre voraus, während beim Existenzwert allein das Wissen um einen fern des persönlichen Lebensraums liegenden Ausschnitt der Biosphäre ausreicht, um Nutzen zu stiften, ohne biosphärische Leistungen direkt in Anspruch zu nehmen.

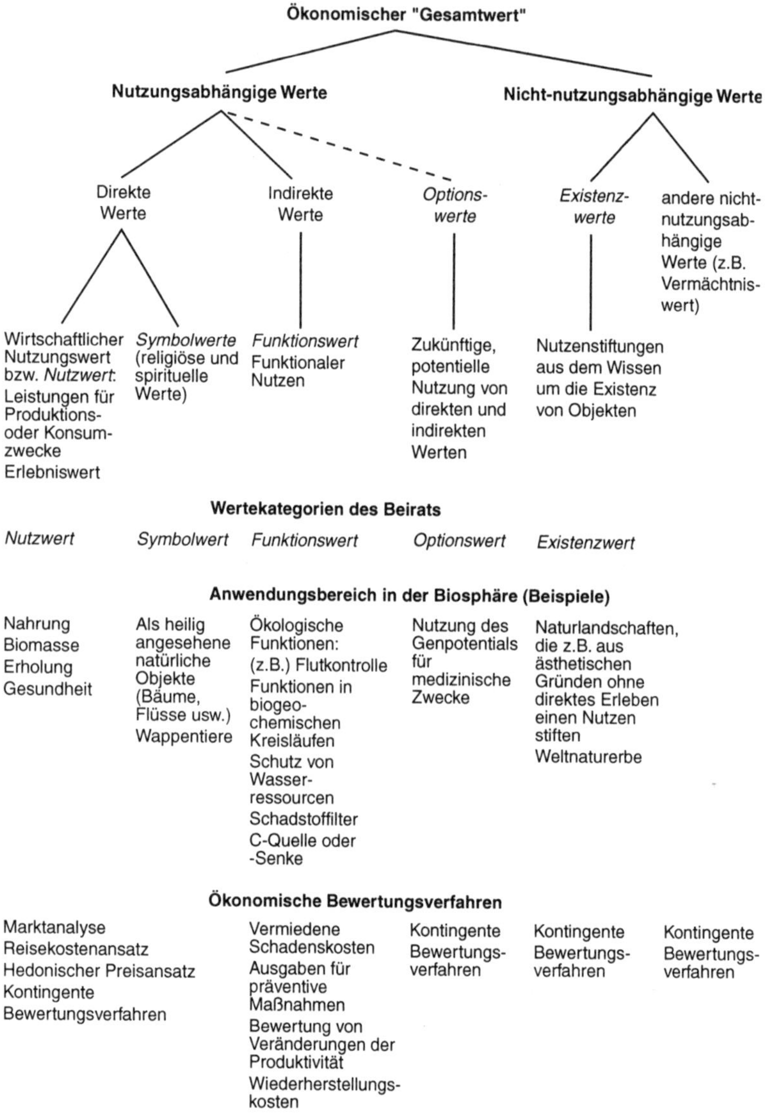

Abbildung 2: Die Zusammensetzung des sog. ökonomischen "Gesamtwerts" biosphärischer Leistungen

Quelle: WBGU auf der Basis von Pearce und Moran, 1998; Meyerhoff, 1997

Die *direkten Werte* setzen sich aus einem *wirtschaftlichen Nutzungswert* und einem *Symbolwert* zusammen. Der wirtschaftliche Nutzungswert zeigt sich darin, daß biosphärische Leistungen für Produktions- und für Konsumzwecke genutzt werden können. Wenn die Natur als Produktionswert dient, also beispielsweise biosphärische Produktionsleistungen wie Holz, Getreide, Baumwolle usw. genutzt werden, so handelt es sich um ein privates Gut. Ein häufig unterschätzter Wert der Biosphäre ist der *Erlebniswert.* Der Erlebniswert wird als ein Konsumwert bezeichnet, weil die Individuen die Natur z.B. in ihrer Ästhetik unmittelbar als Konsumgut nutzen. Somit ist der Erlebniswert ebenso ein Nutzungswert wie die wirtschaftlichen Nutzungswerte. Im Unterschied zu dem dominierenden Fall der Privatguteigenschaft von wirtschaftlichen Nutzungswerten überwiegt beim Erlebniswert meist der Kollektivgutcharakter der Biosphäre.

Symbolwerte werden von Individuen bestimmten Elementen der Biosphäre zugewiesen. Beispielsweise sind hier heilige Tier- und Pflanzenarten, unter Umständen auch Teile der unbelebten Biosphäre wie heilige Flüsse oder Berge, zu nennen. Insgesamt umfaßt der Symbolwert die religiösen oder spirituellen Werte, die Ausschnitten der Biosphäre zugeschrieben werden. Eine klare Bezeichnung der Symbolwerte als öffentliche oder private Güter ist auf grundsätzlicher Ebene nicht möglich. Eine Entscheidung über die überwiegende Gutskomponente kann nur am Einzelfall getroffen werden.

Unter den *indirekten Werten* sind die vielfältigen ökologischen Leistungen zu verstehen, die die Biosphäre für den Menschen erbringt (z.B. zahlreiche Funktionen in biogeochemischen Kreisläufen, Flutkontrolle usw.; Abbildung 2). Die Aufrechterhaltung dieser spezifischen Leistungsfähigkeit von Ökosystemen ist in der Regel ein öffentlich zu sicherndes Gut, weil von den ökologischen Leistungen, die von den Menschen überwiegend nicht laufend und bewußt, sondern meist erst bei Verlust wahrgenommen werden, keine potentiellen Nutzer ausgeschlossen werden können. Folglich findet sich auch kein privater Anbieter, der sich für die Aufrechterhaltung der ökologischen Funktionen einsetzt.

Der *Optionswert* biologischer Vielfalt wird in der Absicht festgelegt, sich die spätere Nutzung einer Ressource offenzuhalten. In diesem Sinn kann der Optionswert als eine Art Versicherungsprämie angesehen werden. Soweit er sich auf zukünftige Nutzungen bezieht, gehört er zu den nutzungsabhängigen Werten. In einer weiter gefaßten Definition kann sich der Optionswert insoweit auf alle Wertkategorien beziehen, weil er auf die Möglichkeit einer künftigen Realisierung einer Wertkategorie hinweist. Bezieht sich der Optionswert auf einen nicht-nutzungsabhängigen Wert wie den Existenzwert, könnte der Optionswert auch in die Kategorie der nicht-nutzungsabhängigen Werte eingeordnet werden (Tabelle 2). In Abbildung 2 soll diese nicht eindeutig vorzunehmende Einteilung durch die gestrichelte Linie angedeutet werden.

Die *nicht-nutzungsabhängigen Werte* sind – wie oben bereits allgemein erläutert – anderer Art, wie der Vergleich von Erlebnis- und *Existenzwert* zeigt. Im Unterschied zum Erlebniswert wird beim Existenzwert nicht in der Nutzung ein Wert gesehen. Vielmehr stiftet das Bewußtsein um die bloße Existenz von Naturgütern Befriedigung oder Wohlgefallen. So spenden z.B. viele Menschen für den Schutz tropische Regenwälder oder den Erhalt von Korallenriffen, obwohl sie niemals in den Genuß kommen werden, diese in irgendeiner Form zu nutzen, nicht einmal als Hort der Ästhetik oder der Rekreation. Eine Abgrenzung zum Symbolwert, der hier zu den nutzungsabhängigen Werten gezählt wird, ist nicht immer eindeutig und muß im Einzelfall entschieden werden. Vom Existenzwert ist der intrinsische Wert klar zu unterscheiden. Der Existenzwert ist anthropozentrisch definiert und wird aus individuellen Nutzenüberlegungen abgeleitet, während der intrinsische Wert aus biozentrischer Sicht zu verstehen ist und eben nicht auf individuelle Präferenzen zurückgeführt werden kann. Da niemand von diesem Wert ausgeschlossen werden kann und auch keine Rivalitätsbeziehungen vorliegen, liegt hier der seltene Fall eines reinen öffentlichen Guts vor.

Der *Vermächtniswert* resultiert aus dem Wunsch, Elemente der Biosphäre aufgrund ihrer Symbol- und Identifikationswerte an nachkommende Generationen zu vererben. Es ergibt sich also – wie beim Existenzwert – in vielen Fällen eine enge Bindung zum nutzungsabhängigen Symbolwert. Der Vermächtniswert äußert sich beispielsweise darin, daß für Naturschutzgebiete freiwillig Beiträge aufgewendet werden. Dieses Beispiel verdeutlicht aber auch gleichzeitig, daß der Vermächtniswert nur schwer von anderen Wertkategorien abgegrenzt werden kann. So kann die Aufwendung freiwilliger Beträge für Naturschutzgebiete ganz unterschiedliche Ursachen haben. Zum Beispiel können sich solche Beiträge auf den Erlebniswert, den Existenzwert, den Symbolwert oder – bei aufgeklärten Individuen – auch auf den Funktionswert beziehen. Diese Schwierigkeiten bei der Einordnung des Vermächtniswerts zeigen sich auch in der Literatur, wo er sowohl als intergenerationeller Optionswert wie auch als Sonderform des Existenzwerts angesehen wird (Pommerehne, 1987). Deshalb ist der Vermächtniswert nur aus Gründen der Vollständigkeit in Abbildung 2 aufgeführt und wird im folgenden nicht explizit zu den vom Beirat als wesentlich eingestuften Wertkategorien gezählt.

Weitere Werte wie Informationswerte, Werte in Hinblick auf ein wissenschaftliches Forschungsinteresse, soziale Armutswerte, biophilische Werte usw. (Ott, 1999) finden sich in der Literatur. Sie lassen sich jedoch den bereits aufgeführten Kategorien zuordnen.

Wahrnehmung biosphärischer Werte durch den Menschen

Aus Abbildung 2 und den Ausführungen über den Gutscharakter der Wertkategorien kann abgeleitet werden, daß es bei einer ökonomischen Bewertung große Unterschiede in der Erfaßbarkeit der Wertkategorien gibt. So werden die verschiedenen Leistungen der Biosphäre von den Individuen sehr unterschiedlich wahrgenommen. Während direkte Werte unmittelbar für Konsum- oder Produktionszwecke zugänglich und daher bekannt sind, entziehen sich insbesondere die Funktionswerte (indirekte Werte) meist der menschlichen Wahrnehmungsfähigkeit. Das Bewußtsein für die Bedeutung dieser biosphärischen Leistungen tritt in der

Regel erst dann auf, wenn die entsprechenden Leistungen z.B. als Folge anthropogener Eingriffe nicht mehr im gewohnten Umfang bereitgestellt werden.

Diese unterschiedliche Wahrnehmung biosphärischer Leistungen hat zwei wichtige Konsequenzen für eine ökonomische Bewertung:

- Die Ergebnisse einer marktlichen Bewertung und der ökonomische Wert biosphärischer Leistungen unterscheiden sich in den meisten Fällen. Bei einer marktlichen Bewertung werden nur die auf dem Markt offenbarten Präferenzen berücksichtigt. Aufgrund des Kollektivgutcharakters fließen die Präferenzen für viele biosphärischen Leistungen nicht in eine marktliche Bewertung ein. Dennoch besitzt die Biosphäre einen ökonomischen Wert, der sich beispielsweise darin zeigt, daß bei einer Beeinträchtigung biosphärischer Leistungen Schäden an der menschlichen Gesundheit und am menschlich geschaffenen Vermögensbestand auftreten, die einen hohen finanziellen Verlust hervorrufen können. Beispiele sind Hochwasserschäden oder der verminderte natürliche Lawinenschutz infolge menschlicher Eingriffe in ökologische Systeme. Aufgabe ökonomischer Bewertungen ist es in diesen Fällen, den Unterschied zwischen Marktbewertung und dem „wahren" ökonomischen Wert aufzuzeigen.
- Aus der begrenzten individuellen Wahrnehmung bzw. Marktbewertung biosphärischer Leistungen resultiert in vielen Fällen eine massive Unterbewertung der Bedeutung der Biosphäre für den Menschen. Soweit die Individuen ökosystemare Zusammenhänge nicht erkennen und biosphärischen Leistungen nicht den entsprechenden Wert zuweisen, werden Grenzen des engeren ökonomischen Abwägungskalküls deutlich. Solche Grenzen stellen allerdings nicht den ökonomischen Ansatz grundsätzlich in Frage. Sie machen jedoch deutlich, daß das Ergebnis einer ökonomischen Bewertung nicht allein das Kriterium für politische Entscheidungen sein kann und immer noch einer Interpretation im Rahmen demokratischer Entscheidungsprozesse bedarf.

Die Funktion des Konzepts des ökonomischen Gesamtwerts

Der Beirat versteht unter dem ökonomischen Gesamtwert in erster Linie ein heuristisches Instrument. Ziel der Konzeption des ökonomischen Gesamtwerts in diesem Sinn ist es nicht, einzig eine rechnerische Größe aus dem Bewertungsverfahren abzuleiten und diese anteilsmäßig auf Erlebnis-, Existenz-, Options-, Funktions-, Symbolwert usw. aufzuteilen. Diese Versuche müßten unbefriedigend bleiben, weil zu viele inhaltliche Überlappungen der Wertkategorien bestehen (Geisendorf et al., 1998). Zudem würde ein quantitativer Wert eine Exaktheit vortäuschen, die das Konzept des ökonomischen Gesamtwerts nicht leisten kann. Aus diesem Grund sieht der Beirat den Zweck des Verfahrens zur Ermittlung eines ökonomischen Gesamtwerts nicht einseitig in einer Quantifizierung. Vielmehr wird dieses Verfahren als ein Argumentationssystem aufgefaßt, in dem auch qualitative Elemente Berücksichtigung finden sollten und müssen (Kap. 4.5). Zudem beinhaltet das Verfahren zur Ermittlung eines ökonomischen Gesamtwerts die Aufforderung zur Vollständigkeit bei der Berücksichtigung von Wertkategorien. In diesem Sinn impliziert der ökonomische Gesamtwert zugleich eine Naturvermögensaufstellung, was den heuristischen Charakter des Ansatzes nochmals unterstreicht.

In diesem Zusammenhang kann auf die viel beachtete, aber auch kritisierte Studie von Costanza et al. (1997) verwiesen werden. Hier wurde der Versuch unternommen, global relevante ökosystemare Leistungen zu bewerten. Als Ergebnis dieser Studie wurde eine Schätzung von 33.000 Milliarden US-$ pro Jahr ermittelt, d.h. global relevante ökologische Funktionen wie die Regulierung des Kohlenstoffkreislaufs, des Wasserkreislaufs oder die Nahrungsmittelproduktion besitzen einen Gesamtwert, der den Wert aller weltweit produzierten Güter und Dienstleistungen – also das globale Bruttosozialprodukt – um das 1,8-fache übersteigt. Auch wenn die verschiedenen Methoden zur Ermittlung der monetären Werte der ökologischen Leistungen kritisiert werden können, zwang die Studie die Autoren dazu, möglichst alle ökologischen Leistungen aufzuführen. Zudem zeigt die sich an die Veröffentlichung der Studie anschließende

Diskussion, daß, ungeachtet der Exaktheit der ermittelten Ergebnisse, die Relevanz der ökologischen Leistungen verstärkt Beachtung findet. Auch dies ist ein Beispiel für die bereits erwähnte Demonstrationsfunktion ökonomischer Bewertungen.

Vorteilhaft am Konzept des ökonomischen Gesamtwerts ist zudem die gedankliche Anwendbarkeit auf Regionen. Es können für bestimmte Flächen in intuitiver oder überschlägiger Weise ökonomische Werte ermittelt und daraus Landschaftsnutzungstypen abgeleitet werden (WBGU, 2000).

4.5 Grenzen der Anwendbarkeit des ökonomischen Kalküls auf die Bewertung biosphärischer Leistungen

Das Substitutionsparadigma und die Essentialität biosphärischer Leistungen

Charakteristisch für die ökonomische Methode ist die Annahme der Substituierbarkeit von Gütern und Produktionsfaktoren. Diesem Substitutionsparadigma wird im Rahmen der neoklassischen Umweltökonomie, die die Grundlage für den ökonomischen Bewertungsansatz bildet, auch die Umwelt unterworfen. Es wird davon ausgegangen, daß Leistungen der Biosphäre substituierbar sind. Die Betrachtung der Substitutionsmöglichkeiten von Arten zeigt jedoch deutlich, daß eine vollständige Substitution einer Art nicht möglich ist, denn jede Art nimmt ganz spezifische Aufgaben im ökologischen Systemzusammenhang wahr. Von Substituierbarkeit könnte man eigentlich nur bei genetisch identischen Arten sprechen, wobei es sich dann logischerweise nicht mehr um zwei verschiedene, sondern um eine identische Art handelt (ausführlich zu den substitutiven und komplementären Beziehungen von Arten: Fromm, 1999). Es stellt sich bei der Anwendbarkeit des ökonomischen Kalküls also die Frage, ob es sich bei der zu bewertenden biosphärischen Leistung um eine essentielle Leistung handelt, d.h. daß auf sie nicht verzichtet werden kann (Beirat Umweltökonomische

Gesamtrechnung, 1995; Fromm, 1997). In der Literatur wird für die essentiellen Naturfunktionen auch der Ausdruck „kritisches Naturvermögen“ (critical natural capital) verwendet (Geisendorf et al., 1998).

Für die Anwendbarkeit ökonomischer Bewertungen bedeuten diese Überlegungen, daß festgestellt werden muß, welche biosphärischen Leistungen in einem strengen Sinn unverzichtbar sind. Diese Aufgabe kann nicht durch den Rückgriff auf die Präferenzen der Bürger gelöst werden, weil diese in der Regel nicht den nötigen Wissensstand zur Identifizierung und hinreichenden Wertzuschreibung haben. Von daher ist eine externe, jenseits der individuellen Präferenzen stehende Bewertungsinstanz erforderlich (Farnworth et al., 1981), die gegebenenfalls auch die individuellen Präferenzen meritorisch korrigieren soll (Common und Perrings, 1992). In diesem Zusammenhang wird auch von der sog. „ökologischen Lücke“ ökonomischer Bewertungen von Ökosystemen gesprochen (Pearce, 1976).

Es herrscht also bei der Bewertung vieler biosphärischer Leistungen die Skepsis, ob Individuen die Fähigkeit haben, ökologische Systeme angemessen zu beurteilen und zu bewerten. Der Beirat erkennt die Bedeutung des Expertenwissens bei der Bewertung biosphärischer Leistungen an. Viele Bewertungsfragen können ohne Rückgriff auf Expertenwissen nicht gelöst werden. Dies gilt insbesondere für die Bewertung ökosystemarer Leistungen der Biosphäre, die außerhalb der unmittelbaren Wahrnehmung stehen und somit keine individuellen Zahlungsbereitschaften schaffen können. Geprüft werden muß jedoch, durch welches Verfahren die Expertenmeinung Eingang in die politische Willensbildung findet. Es sollten keine kleinen Expertengruppen Entscheidungen treffen, die spürbare wirtschaftliche Konsequenzen für die Mehrheit der Bevölkerung haben können, ohne daß es eine demokratische Kontrolle über diesen Prozeß gibt (vgl. hierzu auch die verschiedenen Verfahren zur Erfassung und Begründung von Normen zum Biosphärenschutz in Kap. 6).

Im Idealfall sollte sichergestellt sein, daß Individuen zumindest in ihrer Mehrheit zu der gleichen Beurteilung kommen würden wie die Experten, sofern sie vollständig über die Konsequenzen informiert sind. Meritorische Eingriffe sollten daher immer kritisch geprüft werden. Beim notwendigen Rückgriff auf Expertenwissen handelt es sich allerdings nicht um einen grundlegenden Einwand gegen ökonomische Bewertungen, sondern vielmehr um ein Informationsproblem, das im Rahmen gesellschaftlicher Willensbildungsprozesse gelöst werden sollte (Kap. 4.8 und 6).

Das Problem des Auftretens von Irreversibilitäten

Neben der Nichtsubstituierbarkeit bzw. der Essentialität biosphärischer Leistungen nimmt das Problem der Irreversibilität von Beeinträchtigungen der Biosphäre eine hervorgehobene Stellung bei der Diskussion der Probleme ökonomischer Bewertungen ein. In Verknüpfung von ökonomischen und ökologischen Kriterien für Irreversibilität können Schäden der Biosphäre als irreversibel bezeichnet werden, die in für den Menschen relevanten Planungszeiträumen

- durch natürliche Regenerationsmechanismen nicht ausgeglichen werden können und
- durch anthropogen-technischen Ressourceneinsatz nicht rückgängig gemacht oder substituiert werden können (WBGU, 1994; Fromm, 1997).

Das Kernproblem irreversibler Umweltschäden ist in der Kombination von Unwiederbringlichkeit des Nutzens, der bei einer „guten" Umweltqualität realisiert werden und der durch Umweltschäden verloren gehen kann, und der Ungewißheit über die Höhe dieses Nutzenverlusts zu sehen. Eine gegenwärtig nicht vermiedene Irreversibilität führt – bei positivem zukünftigen Nutzen – zu unausweichlichen Wohlfahrtseinbußen zukünftiger Generationen, die sich in erhöhten Schäden und in der Eliminierung von Handlungsoptionen äußern (Fisher und Krutilla, 1974). Von daher ist in der Literatur überwiegend unbestritten, daß das konventionelle Kosten-Nutzen-Kalkül zur Bewertung von Irreversibilitäten ungeeignet ist (Fromm, 1997).

In Anbetracht von Irreversibilitäten ist als alternative Entscheidungsregel bei der Durchführung von Kosten-Nutzen-

Analysen der „Safe Minimum Standard“ vorgeschlagen worden (Ciriacy-Wantrup, 1968; Bishop, 1978). Dies basiert darauf, daß zukünftigen Generationen keine unzumutbaren Kosten in Form irreversibler Schäden auferlegt werden sollen. Zugleich soll aber vermieden werden, daß die gegenwärtige Generation hohe Opportunitätskosten zu tragen hat, die aus der Vermeidung von irreversiblen Belastungen der Biosphäre resultieren. In diesem Sinn wären dann Irreversibilitäten zu vermeiden, solange die Opportunitätskosten der gegenwärtigen Generation nicht inakzeptabel hoch ausfallen. Folglich wird mit Blick auf „Safe Minimum Standards“ gefordert, daß verbindliche Leitplanken für die Anwendung des ökonomischen Kosten-Nutzen-Kalküls festgelegt werden. Auf diese Weise wird ein Mindestschutz gewährleistet, sofern die sozialen Kosten des Schutzes der Biosphäre nicht inakzeptabel hoch werden (WBGU, 1993).

Am Beispiel des Artenschutzes würde dies bedeuten: Es wird im Rahmen von „Safe Minimum Standards“ gefragt, wieviel an potentieller Nutzenstiftung den Menschen verlorengeht, wenn ein sicherer Mindestschutz der Arten gewährleistet wird. Wird davon ausgegangen, daß jede Art einen positiven Wert hat, werden durch die Konzentration auf die Opportunitätskosten die Probleme einer systematischen Erfassung der Nutzen vermieden. Zugleich ist die Beweislast denjenigen angelastet, die die natürliche Ressource ausbeuten wollen bzw. die artenvernichtende Nutzungsalternative präferieren (WBGU, 1993).

Folgerungen zur Anwendbarkeit des ökonomischen Bewertungsansatzes

Sowohl das Problem der Nichtsubstituierbarkeit als auch die Gefahr des Auftretens von Irreversibilitäten – verbunden mit der Ungewißheit über zukünftige Nutzenstiftungen – zeigen die Grenzen des ökonomischen Abwägungskalküls auf, das auf individuellen Präferenzen basiert. Folglich muß eine vollständige Ermittlung des Werts biosphärischer Leistungen mittels individueller Bewertungen skeptisch beurteilt werden. Als Fazit können zwei Folgerungen festgehalten werden:

- Eine auf individuellen Präferenzen basierende Wertermittlung aller biosphärischen Leistungen ist nahezu unmöglich. Die einzige Möglichkeit, dennoch einen monetären Wert auszuweisen, besteht darin, den ökonomischen Wert, der anhand individueller Bewertungen – direkt über Befragungen oder indirekt über Marktbewertungen – ermittelt worden ist, mit einem „angemessenen" Aufschlag zu versehen. Für die Bemessung eines solchen „angemessenen" Aufschlags fehlen zwar ganz überwiegend geeignete wissenschaftliche Kriterien, so daß dieser Aufschlag nur qualitativ aus Expertenwissen abgeleitet werden kann. Als positives Element dieses Ansatzes kann jedoch festgehalten werden, daß die erwähnte und wichtige Demonstrationsfunktion ökonomischer Bewertungen erhalten bleibt. Die exakte Höhe des ermittelten ökonomischen Werts spielt dann nicht die entscheidende Rolle. Vielmehr wird eine ungefähre Vorstellung über die Problemhöhe geschaffen, ohne daß der ermittelte Wert als solcher zu genau genommen werden soll.
- Die Ungenauigkeiten, die bei einer ökonomischen Wertermittlung biosphärischer Leistungen aufgrund des Kollektivgutcharakters und des mangelnden Wissens über ökosystemare Zusammenhänge unvermeidlich sind, verdeutlichen, daß ökonomische Bewertungen nicht die alleinige Grundlage für politische Entscheidungen sein können. Ökonomische Bewertungsverfahren sind somit nur eine von vielen Hilfsgrößen, die zur Entscheidungsfindung herangezogen werden können. Hier sind insbesondere ökologische und soziale Kriterien anzuführen, sofern sie nicht in einer ökonomischen Bewertung berücksichtigt werden können. Die Ergebnisse von Bewertungsstudien bedürfen daher einer weiteren Interpretation im Rahmen des demokratischen Willensbildungsprozesses, und zwar losgelöst von einer Monetarisierung, so wie es in diesem Abschnitt durch die Diskussion der Grenzen der Anwendbarkeit des ökonomischen Kalküls angedeutet wurde. Zudem wird offensichtlich, daß es sich bei den Bewertungsfragen immer um ein ökonomisch-ethisches Problem handelt (Hampicke, 1991), weil die teilweise Lösung von dem

Gedanken einer individuellen Bewertung ebenso eine ethische Rechtfertigung erfordert wie die ökonomische Herangehensweise selbst. Die Gegenüberstellung von Ökonomie und Ethik in Form eines Konflikts führt jedenfalls nicht weiter. Vielmehr ist die Ökonomie als Ausprägung einer bestimmten Bewertungsethik zu verstehen.

4.6 Ökonomische Methoden zur Umweltbewertung im Überblick

Die Literatur über ökonomische Verfahren zur Umweltbewertung ist äußerst reichhaltig und umfangreich. Ein umfassender Überblick über die verschiedenen Bewertungsverfahren mit ihren Stärken und Schwächen würde den Rahmen dieses Sondergutachtens sprengen. Daher soll an dieser Stelle nur eine kurze Einführung in die Grundlagen und typischen Probleme ökonomischer Bewertungsverfahren gegeben werden. Einen sehr guten Überblick über den Stand der wissenschaftlichen Diskussion der dominierenden Bewertungsverfahren in ihrer Anwendung auf biosphärenrelevante Probleme gibt eine Studie des Umweltbundesamts (Geisendorf et al., 1998; außerdem Marggraf und Streb, 1997; Endres und Holm-Müller, 1998).

Grundsätzlich können direkte und indirekte Methoden unterschieden werden. *Indirekte Methoden* greifen auf Marktdaten zurück, um anhand dieser Daten auf die individuellen Zahlungsbereitschaften für die zu bewertenden Elemente der natürlichen Umwelt zu schließen. Die Bezeichnung „indirekt" wird deshalb gewählt, weil aus dem Nachfrageverhalten nach marktlich gehandelten Gütern Werte für Umweltgüter abgeleitet werden. Dieser Ansatz baut auf der Prämisse auf, daß das Umweltgut in einer komplementären oder substitutiven Beziehung zu den marktlich gehandelten Gütern steht.

Zu dieser Kategorie werden beispielsweise Ansätze gezählt, die zur Wertermittlung auf vermiedene Schadenskosten abstellen (Ersatzkostenansatz), die von den Ausgaben für präventive Maßnahmen auf einen ökonomischen Wert der

Umwelt schließen (Nachsorge- oder Kompensationskostenansatz), die Werte anhand von Veränderungen der Produktivität berechnen (Produktionsfunktionsansatz) und die als ökonomischen Wert die Kosten ansetzen, die zum Ersatz des degradierten Ausschnitts der Biosphäre benötigt werden (Wiederherstellungskostenansatz) (Cansier, 1996; Geisendorf et al., 1998). Am häufigsten werden jedoch das Reisekostenverfahren (travel cost method) und der hedonische Preisansatz (Immobilienwertmethode; hedonic price method) zur Umweltbewertung herangezogen. Diese werden unten detaillierter dargestellt und kurz einer Bewertung unterzogen.

Direkte Methoden erfragen mit Hilfe spezieller Interviewtechniken die Zahlungsbereitschaften bzw. die Entschädigungsforderungen unmittelbar von den Wirtschaftssubjekten (Cansier, 1996). Hier sind insbesondere die kontingenten Bewertungsverfahren (contingent valuation) von Interesse, auf die ebenfalls unten näher eingegangen wird.

Reisekostenansatz (travel cost method)

Wie der Name des Verfahrens bereits andeutet, werden die komplementären Beziehungen zwischen privaten Reisekosten und Umweltgütern als Grundlage für die Ermittlung der individuellen Wertschätzung verwendet. Die monetären und zeitlichen Aufwendungen, die von den Individuen für die Anreise zu einem Naturschutz- oder Erholungsgebiet aufgewandt werden, dienen zur Aufstellung einer Nachfragefunktion (Preis-Mengen-Funktion), die die Häufigkeit eines Besuchs (Menge) eines Naturschutzgebiets von den entstehenden Kosten (Preis) abhängig macht. Die Konsumentenrente als Ausdruck der Gesamtwertschätzung ergibt sich dann aus dem Flächeninhalt unter der Nachfragefunktion. Bei dieser einfachen Variante des Reisekostenansatzes wird die Nachfrage nur durch die Reiseaufwendungen erklärt. Implizit wird damit auch unterstellt, daß alle Personen in gleicher Weise auf Kostenvariationen reagieren. Für eine realitätsgerechtere Analyse ist die Annahme identischer individueller Nachfragefunktionen aufzugeben, und weitere Nachfragedeterminanten für die Besuchshäufigkeit wie Einkommen, Alter, Geschlecht und Qualifikationsniveau sind zu berücksichtigen (Pommerehne, 1987).

Auch wenn eine solche Erweiterung des Reisekostenansatzes gelingt, bleiben weitere Probleme bestehen: Schwierigkeiten entstehen beispielsweise dann, wenn eine Bewertung alternativer Qualitätsgrade durchgeführt werden soll. Durch die Verwendung aktueller Marktdaten wird mit dem Ansatz zunächst einmal nur der Wert eines Naturschutzgebiets in einem gegebenen Qualitätszustand berechnet. Vielfach ist für die Umweltpolitik aber von Interesse, wie eine Veränderung des Qualitätszustands bewertet wird. Weitere Schwierigkeiten sind: Der Besuch eines Schutzgebiets muß nicht der einzige Reisezweck sein. Mit einer Fahrt werden mehrere Orte besucht. Oder auch: Der Besuch stellt sich als Nebenprodukt einer Reise mit einem ganz anderen Ziel dar. Werden in diesen Fällen alle Reiseaufwendungen bei der Ermittlung der Nachfragefunktion in vollem Umfang berücksichtigt, übersteigt die ermittelte Zahlungsbereitschaft die tatsächliche möglicherweise erheblich (Cansier, 1996). Zudem ist es nicht möglich, mit diesem Ansatz Options-, Vermächtnis- und Existenzwerte zu erfassen (Pommerehne, 1987). Dennoch wird das Verfahren als brauchbar eingeschätzt, um die Zahlungsbereitschaft für ein räumlich abgegrenztes öffentliches Gut zu ermitteln (Smith und Kop, 1980).

Hedonischer Preisansatz (Immobilienwertmethode; hedonic price method)

Grundgedanke des hedonischen Preisansatzes ist die Überlegung, daß der Preis – hier am Beispiel einer Immobilie verdeutlicht – neben Standard und Größe auch von der Qualität des Wohnumfelds abhängt. Zu dem Wohnumfeld gehört auch die Umweltqualität. Ziel des Ansatzes ist es, den Einfluß der Umweltqualität aus der Vielzahl der preisbestimmenden Faktoren zu isolieren. Auf diese Weise bietet sich die Möglichkeit, aus Marktreaktionen Informationen über den Nutzen abzuleiten, den die Individuen einer höheren Umweltqualität zuschreiben (Cansier, 1996).

Der erste Schritt dieses Verfahrens besteht in einer Schätzung der Abhängigkeit der Mieten oder Immobilienpreise von der Umweltqualität (z.B. Geräuschpegel, Luftverschmutzung). Hierzu wird eine sog. hedonische Preisfunktion aufgestellt. Diese stellt die monatliche Miete als eine Funktion der einzelnen (wohnungs-)nachfragerelevanten Elemente dar (Größe, Alter, Umweltqualität u. a.). Stellt man sich nun vor, daß es Wohnungen gibt, die bis auf den Faktor Umweltqualität identisch sind, so ergibt – in einem zweiten Schritt – die partielle Ableitung der hedonischen Preisfunktion nach dem Umweltmerkmal dann den marginalen Preis der Umweltqualität. Dieser Preis gibt wieder, um welchen Betrag die Aufwendungen für die Umweltqualität (z.B. saubere Luft) steigen, wenn diese um eine Einheit zunimmt (z.B. der Schwefeldioxidgehalt in der Luft um eine Einheit sinkt) (Cansier, 1996).

Der hedonische Preisansatz besticht durch seine theoretische Basis. Wirtschaftstheoretisch ist es gut begründet, daß Veränderungen der Qualität öffentlicher Güter Rückwirkungen auf die Marktpreise privater Güter haben. Dies erklärt die häufige Anwendung dieser Methode und deren ständige Weiterentwicklung und Verfeinerung. Doch sind auch bei dieser Methode Einschränkungen gegeben: So wird beispielsweise die vollständige Mobilität der Individuen vorausgesetzt. Das Verfahren ist nur bei lokaler Umweltverschmutzung anwendbar. Bei ubiquitären Umweltbeeinträchtigungen fehlt die Möglichkeit der Individuen, durch Wohnungswechsel auf den Qualitätsverlust des Kollektivgutes marktlich zu reagieren. Des weiteren müssen Umweltveränderungen auch von Individuen subjektiv wahrgenommen werden. Trotz der Probleme ist insgesamt gesehen der hedonische Preisansatz in seiner Anwendbarkeit zur Umweltbewertung als vielversprechend einzuschätzen (Pommerehne, 1987). Weitere methodische Verfeinerungen und Weiterentwicklungen dürften die Anwendbarkeit dieses Ansatzes in der Zukunft weiter erhöhen.

Kontingente Bewertungsverfahren (contingent valuation)

Wenn es nicht möglich ist, indirekt aus beobachtbarem Marktverhalten ökonomische Wertschätzungen der natürlichen Umwelt abzuleiten, ist es unumgänglich, die Individuen *direkt* nach ihrer Zahlungsbereitschaft für den Erhalt einer bestimmten Umweltqualität zu fragen bzw. nach der Höhe der geforderten Kompensationszahlung bei einer Verschlechterung der Umweltqualität. Die kontingente Bewertungsmethode liefert zuverlässigere Ergebnisse, wenn die befragten Individuen mit dem Umweltgut vertraut sind und somit Informationen über dieses Gut besitzen, auf denen sich ihre Präferenzen gründen können. Handelt es sich um sehr abstrakte Bewertungsgegenstände wie z.B. die Frage nach dem Existenzwert einer entfernt liegenden Mangrovenküste, sind die Ergebnisse der kontingenten Bewertungsmethode weniger zuverlässig (Munasinghe, 1994).

Es können zahlreiche Verzerrungen bei der Anwendung kontingenter Bewertungsmethoden auftreten (z.B. strategisches Verhalten, hypothetischer Bias, Informationsbias, Aggregationsbias, Einfluß des Zahlungsinstruments usw.; Geisendorf et al., 1998). Beispielsweise sei an dieser Stelle nur auf die unterschiedlichen Auswirkungen einer Kompensationsforderung und Zahlungsbereitschaft hingewiesen. In der Regel werden die Kompensationsforderungen höher als die Zahlungsbereitschaft ausfallen. Eine weitere Verzerrung tritt dadurch auf, daß ärmere Individuen in ihrer Zahlungsfähigkeit beschränkt sind. Dies gilt für Kompensationsforderungen nicht (Munasinghe, 1994). Trotz der bestehenden methodischen Probleme, die insbesondere auch die Grenzen dieser Methode zur umfassenden Bewertung ökosystemarer Leistungen festlegen, stehen der kontingenten Bewertungsmethode weitreichende Anwendungsmöglichkeiten gegenüber. So lassen sich nur mit Hilfe dieses direkten Verfahrens die nutzungsunabhängigen Wertkomponenten wie Existenz- und Symbolwert – zumindest tendenziell – erfassen (Geisendorf et al., 1998).

Schlußbemerkung zu den Bewertungsmethoden

Von der Biosphäre gehen vielfältige Nutzenstiftungen aus. Es ist nahezu unmöglich, diese verschiedenen Funktionen mit einem einzigen Verfahren zu bewerten. Die durch indirekte Verfahren ermittelten Werte werden aus ökonomischer Sicht als besonders verläßlich angesehen, weil sie nicht im gleichen Ausmaß der Gefahr von Verzerrungen unterliegen, wie dies bei den direkten Methoden der Fall ist. Letztlich sind aber auch die direkten Methoden in Form des kontingenten Bewertungsansatzes unverzichtbar, denn nur mit ihnen können auch die nutzungsunabhängigen Wertkomponenten erfaßt werden. Zusammenfassend bleibt festzuhalten, daß, selbst wenn ein Verfahren methodische Probleme aufweist, „es nicht gleich *per se* abzulehnen [ist], entscheidend ist vielmehr die Vorsicht bei der Interpretation der Ergebnisse" (Geisendorf et al., 1998). Dies entspricht auch der Überzeugung, daß es immer zu befürworten ist, ökonomische Bewertungen – trotz interpretationsbedürftiger Ergebnisse – durchzuführen, als gänzlich auf sie zu verzichten, denn ökonomische Bewertungen zwingen dazu, sich mit den ökonomischen Aspekten von Entscheidungsproblemen auseinanderzusetzen.

4.7 Versuch einer Reihung der Wertkategorien aus globaler Perspektive

Die Vielzahl an Wertdimensionen verdeutlicht, daß Abwägungsentscheidungen erforderlich sind. Dieses Abwägungserfordernis läßt sich veranschaulichen, wenn Wertkategorien auf die drei Landschaftsnutzungstypen, die im WBGU-Jahresgutachten 1999 beschrieben sind, abgebildet werden. Während beim Landschaftsnutzungstyp „W" (Schutz trotz Nutzung) der wirtschaftliche Nutzwert dominiert, sind beim Landschaftsnutzungstyp „N" (Schutz vor Nutzung) meist der Symbolwert, der Optionswert und der Existenzwert vorrangig. Dem Funktionswert kommt generell eine besondere Bedeutung zu, weil er für die Aufrechterhaltung des bei den Landschaftsnutzungstypen jeweils dominierenden Ziels die entscheidende Rolle spielt, sei es, daß er die ökologischen Grundlagen für die Aufrechterhaltung des wirtschaftlichen Nutzwerts schafft (Typ „W“), oder sei es, daß der Funktionswert das Schutzerfordernis einer Landschaft determiniert (Typ „N“). Es stellt sich bei den Landschaftsnutzungstypen also die Frage, welche Werte in welchem Umfang in die Nutzungsentscheidung einfließen, weil nicht alle Werte gleichzeitig maximiert werden können.

Je mehr Wertdimensionen allerdings für eine Abwägung zu berücksichtigen sind, desto komplexer werden Entscheidungen und desto eher kommt es auch zu Gewichtungsverzerrungen, weil die meisten Menschen dazu neigen, bestimmte Wertkategorien bewußter wahrzunehmen und ihren Wert subjektiv höher einzuschätzen, als er eigentlich objektiv ist. Zudem fällt das jeweilige Einzelgewicht der „eigentlich“ besonders relevanten Bewertungsfaktoren marginaler aus, wenn mehr Dimensionen einbezogen werden. Aus diesem Grund ist es ratsam, sich auf die wesentlichen Wertdimensionen zu beschränken. Die oben geführte Diskussion über die Grenzen der Anwendbarkeit des ökonomischen Kalküls auf die Bewertung der Biosphäre liefert zwei wichtige Kriterien, nach denen eine Reihung der Wertkategorien – auch aus ökonomischer Sicht begründet – vorgenommen werden kann. Dies sind die Kriterien der Nichtsubstituierbarkeit (Essentialität) und der Irreversibilität.

Des weiteren ist nun zwischen einer Gewichtung der Wertkategorien aus globaler und regionaler Perspektive zu unterscheiden. Auf der regionalen Ebene können bei der Vielfalt der verschiedenen in der Realität vorzufindenden Landschaften nahezu keine allgemeingültigen Aussagen über eine Rangfolge der Wertdimensionen getroffen werden. Die Festlegung einer Reihenfolge muß deshalb im Einzelfall geprüft werden. Hierzu sind die eben angeführten Kriterien heranzuziehen. Eine Regel zur Bestimmung einer Reihenfolge könnte z.B. wie folgt lauten: Je größer die Ungewißheit der Schäden, je höher die Wahrscheinlichkeit des Auftretens von Irreversibilitäten und je größer die vermutliche monetäre Unterbewertung ausfällt, desto höheres Gewicht sollte die betreffende Wertkategorie bei der Beurteilung von Handlungsoptionen haben.

Aufgabe des Beirats ist es, den globalen Wandel zu beschreiben und zu analysieren sowie aus der Analyse Handlungsempfehlungen für die globale Umweltpolitik abzuleiten. Deshalb sieht der Beirat es als wichtig an, sich von der relativierenden Aussage, daß letztlich der konkrete Anwendungsfall allein über die Gewichtung der Wertkategorien zu entscheiden hat, zu lösen und sich auf eine gewisse Reihung der verschiedenen Wertkategorien aus Sicht eines globalen Umweltbeirats festzulegen. Für die Beurteilung von Handlungsoptionen, die Auswirkungen auf die Biosphäre haben, schlägt der Beirat folgende Reihenfolge der Wertdimensionen vor (Tabelle 2):

- *Funktionswert*: Damit ist der Einfluß der jeweiligen Handlung auf die Funktionsfähigkeit des betreffenden Ökosystems gemeint. Wie bereits oben ausgeführt, haben Funktionswerte auf globaler Ebene, wo sie den Einfluß auf globale ökosystemare Kreisläufe bezeichnen, kategorischen Charakter. Dort sind sie nicht kompensationsfähig und entsprechen damit dem Kriterium der Essentialität, auf regionaler Ebene sind sie zwar prinzipiell kompensationsfähig, aber nur dann, wenn schwerwiegende Gründe für einen solchen Eingriff sprechen. Die Verletzungen des Funktionswerts sind am stärksten zu gewichten, weil ohne den Funktionserhalt auch alle anderen Wertdimensionen negativ berührt sind, der Funktionserhalt selbst aber noch über diese Werte hinausgeht. Die überragende Bedeutung des Funktionswerts der Biosphäre wird deut-

Tabelle 2: Das Reihungsschema der Wertdimensionen.
p = Eintrittswahrscheinlichkeit
Quelle: WBGU

Realwert	Entsprechender Optionswert	Ethisches Prinzip
Funktionswert F	$F * p_F$	Kategorisches Prinzip
Nutzwert N	$N * p_N$	Kompensatorisches Prinzip
Symbolwert S	$S * p_S$	Kompensatorisches Prinzip
Existenzwert E	$E * p_E$	Kompensatorisches Prinzip

lich, wenn man sich die Funktionen, die die Biosphäre – meist abseits der menschlichen Wahrnehmung – bereitstellt, vor Augen führt. Ein einfaches Gedankenexperiment mag veranschaulichen, daß der genannte ökonomische Gesamtwert TEV der ökologischen Leistungen der Biosphäre gegen unendlich geht (Daily, 1997). Man stelle sich vor, man wolle einen vergnügten Tag auf dem Mond verbringen und müßte sich überlegen, welcher Aufwand erforderlich wäre, um auf dem Erdtrabanten die Lebensbedingungen herzustellen, die dem Menschen auf der Erde ein angenehmes Leben ermöglichen. Selbst wenn man davon ausginge, daß es die entsprechende Technologie zur Herstellung eines menschengerechten Klimas und einer Atmosphäre gäbe, ist unmittelbar einsichtig, welcher enorme finanzielle Aufwand mit der Schaffung einer künstlichen, menschengerechten Umwelt auf dem Mond verbunden wäre. Würde man versuchen, mit der irdischen Flora und Fauna den Mond für den Menschen bewohnbar zu machen, würden sich bisher ungelöste Wissens- und Umsetzungsprobleme (Beispielsweise: Welche Organismen braucht man und in welcher Zahl?) ergeben. Dieses Gedankenexperiment zeigt zudem, daß die empirische Ermittlung eines solchen gesamthaften ökonomischen Werts der biosphärischen Leistungen kaum erkenntnisfördernd wäre, weil dieser aufgrund der überragenden Bedeutung für das Leben des Menschen auf diesem Planeten gegen unendlich geht. Im Vordergrund einer ökonomischen Bewertung der Biosphäre steht demnach eine marginale Bewertung, d.h. es wird gefragt, welcher Nutzen dem Menschen verloren geht, wenn die biosphärischen Leistungen ein wenig durch menschliche Aktivität beeinträchtigt werden, formaler ausgedrückt: wenn der Leistungsumfang um eine Einheit reduziert wird (Costanza et al., 1997; Fromm, 1999).

- *Nutzwert*: Dem Nutzwert kann anders als beim globalen Funktionswert kein kategorischer Charakter zugesprochen werden, vielmehr wird der Nutzwert als kompensationsfähig betrachtet. Dies bedeutet, daß dieser Wert zur Realisierung anderer Werte eingeschränkt werden darf, wenn der Nutzen die Kosten einer solchen Handlungsalternative übersteigt. Aus globaler Sicht – beispielsweise mit Blick auf die Sicherstellung einer ausreichenden Versorgung der Weltbevölkerung mit Nahrungsmitteln – kann der Nutzwert im Vergleich mit den nachfolgenden Werten am höchsten gewichtet werden.

- *Symbolwert*: Damit ist eine ästhetische, religiöse oder anderweitig kulturell geprägte Zuordnung von Sinngehalten an natürliche Phänomene (oder auch künstliche Produkte) gemeint. Der Symbolwert kann bei der Reihung tendenziell hinter dem Nutzwert eingeordnet werden. Für die Erhaltung von Landschaften oder Arten mit hohem Symbolwert existieren teilweise beträchtliche Zahlungsbereitschaften. Zudem werden Verringerungen des Symbolwerts von Menschen als Verlust der Voraussetzungen für ein gutes Leben wahrgenommen. Dennoch gewichtet der Beirat den Nutzwert der Biosphäre – insbesondere mit Blick auf die Förderung nachhaltiger Entwicklungsprozesse und die Sicherung der Welternährung – etwas höher als den Symbolwert.
- *Existenzwert*: Der Existenzwert ist wie der Symbol- oder Nutzwert eintauschbar gegen andere Werte; er beansprucht also keine kategorische Geltung.

Neben diesen 4 „realen" Wertkategorien betont der Beirat gesondert die Bedeutung des *Optionswerts*. Damit ist die Möglichkeit einer künftigen Realisierung eines Werts gemeint. Über den Wahrscheinlichkeitsbegriff ist der Optionswert mit allen anderen Wertdimensionen verknüpft. Somit ist der Optionswert mit den anderen Wertkategorien nicht unmittelbar zu vergleichen, sondern ist mit dem jeweils anderen Wert (Realwert) über die Wahrscheinlichkeit für dessen Eintreten verknüpft (Tabelle 2). Mit der expliziten Betonung der Bedeutung des Optionswerts möchte der Beirat der Tendenz entgegenwirken, daß diese Wertdimension bei der Auswahl von Handlungsoptionen nicht angemessen berücksichtigt wird.

Diese Gliederung in eine Hierarchie von Wertdimensionen soll lediglich als eine erste Entscheidungshilfe bei der Bewertung möglicher Handlungsoptionen oder bei der Aufstellung verbindlicher Handlungsnormen dienen. Die meisten Abweichungen von dieser Hierarchie sind dort zu erwarten, wo die Unsicherheit über die mögliche Nutzenstiftung biosphärischer Leistungen sehr hoch ist. Beispielsweise steht vielfach einem sicheren Nutzwert (etwa Holzverkäufe aus Kahlschlag) ein höchst unsicherer Optionswert in wesentlich größerer Tragweite (etwa Vernichtung eines möglichen natürlichen Krebsbekämpfungsmittels) oder einer marginalen Verletzung eines ansonsten kategorischen Funktionswerts (Beeinflussung des Weltklimas) entgegen. In solchen Fällen läßt sich der Hierarchie der Wertdimensionen keine eindeutige Entscheidungsregel entnehmen. Dies ist auch nicht die im Vordergrund stehende Intention. Zum einen greifen bei einer Beurteilung von Handlungsoptionen auf regionaler Ebene z.B. die erwähnten Kriterien der Nichtsubstituierbarkeit und der Irreversibilität, zum anderen ist das Ziel dieser Reihung insbesondere auch darin zu sehen, daß auf die generelle Bedeutung der verschiedenen Wertkategorien aufmerksam gemacht wird, ohne daß mit dieser Reihung der Anspruch verbunden ist, diese Rangfolge müßte sich bei jeder zu bewertenden Handlungsoption einstellen. Bei schwierigen Abwägungsprozessen sind dann zusätzlich prozedurale Kriterien heranzuziehen, auf die weiter unten eingegangen wird (Kap. 4.8 und 6).

4.8 Fazit: Verknüpfung von ökonomischen Bewertungsmethoden mit dem Nachhaltigkeitsziel

Jeder Bewertungsansatz, sei es der ökonomische oder ein anderer, der, basierend auf begründbaren Prinzipien, den Dingen auf dieser Welt einen Wert zuschreibt, ist darauf zu prüfen und letztlich zu bewerten, auf welches Ziel hin er angewandt wird, denn zu jeder Bewertung gehört untrennbar die Frage des Beitrags, den der bewertende Gegenstand zur Erreichung eines bestimmten Ziels leistet (Costanza und Folke, 1997). Für die ökonomische Bewertungstheorie ist dieses Ziel eindeutig zu benennen: Ökonomische Bewertungen zielen darauf ab, die Allokationseffizienz von Handlungsentscheidungen zu verbessern.

Als Schlußbemerkung zur ökonomischen Bewertung und als Ausblick auf zukünftige Forschungsschwerpunkte sollen diese Überlegungen auf das Nachhaltigkeitsziel angewandt werden. Nachhaltigkeit als Leitprinzip der globalen Umweltpolitik umfaßt die drei Zieldimensionen Ökonomie, soziale Gerechtigkeit und Umwelt. Daher müssen Bewertungsfragen vor diesen drei Zieldimensionen diskutiert werden. Es handelt sich mithin um eine Multi-Kriterien-Analyse. Ökonomische Bewertungen zielen unmittelbar auf die ökonomische Zieldimension ab und ihnen kommt unter anderem die wichtige Bedeutung zu, im Rahmen von umweltpolitischen Zielformulierungen, die sich auf das Nachhaltigkeitspostulat berufen, auf den Umstand hinzuweisen, daß mit der Verwirklichung von ökologischen Schutzzielen volkswirtschaftliche Kosten in Form von Nutzenverzichten einhergehen können.

Dennoch greifen ökonomische Bewertungen dann zu kurz, wenn Fragestellungen betrachtet werden, bei denen Allokationseffizienz nicht das einzige Entscheidungskriterium ist. Ein Ausweg aus dieser Beschränkung kann in der Aufhebung der Annahme gegebener und unveränderlicher Präferenzen – wie dies häufig in der traditionellen Ökonomie vorausgesetzt wird – gesehen werden. Es soll zugelassen werden, daß sich die Präferenzen im Rahmen demokratischer Willensbildungsprozesse auch verändern können. Hiermit werden den ethischen Bedenken gegenüber ökonomischen Bewertungsansätzen Rechnung getragen, bei denen die Entscheidung über den Schutz und die Nutzung der Biosphäre allein von den Präferenzen heute lebender Wirtschaftssubjekte abhängig gemacht wird. Diese Bedenken bestehen insbesondere darin, daß diese Präferenzen nicht gleichzeitig einem kritischen gesellschaftlichen Diskurs unterzogen werden (Geisendorf et al., 1998).

Mit der Annahme, daß Präferenzen sich evolutiv verändern können und aufgrund gesellschaftlicher Willensbildungsprozesse unter Umständen auch ändern sollen, kann der methodische Ansatz zur Bewertung von biosphärischen Leistungen differenzierter ausgestaltet werden (Tabelle 3). Hierbei ist anzumerken, daß diese Überlegungen erst allmählich in der wissenschaftlichen Fachliteratur aufgegriffen werden. Es ist also ein erhebliches Forschungsdefizit im Bereich der Verknüpfung von ökonomischen Bewertungen, gesellschaftlichen Willensbildungsprozessen und dem Nachhaltigkeitsziel festzustellen.

Bevor in dem folgenden Kapitel 5 auf empirische Untersuchungen zur Umweltbewertung eingegangen wird, soll an dieser Stelle die Sichtweise des Beirats zur Bewertung biosphärischer Leistungen kurz zusammengefaßt werden: Grundlage einer (ökonomischen) Bewertung sollten zunächst immer die individuellen Präferenzen sein. Auch eine Studie im Auftrag des Umweltbundesamts kommt zu dem Ergebnis, daß „in bezug auf die Erhaltung und Entwicklung der Biodiversität die Wertschätzungen und Intentionen der letzteren [der Gesellschaftsmitglieder] die Richtschnur für zu ergreifende Maßnahmen darstellen, soweit sie nicht aus übergeordneten moralischen Gründen der Korrektur bedürfen." (Geisendorf et al., 1998). Ausgangspunkt ist also die auf individuellen Präferenzen basierende Bewertung der Biosphäre. Strategien zum Schutz und zur nachhaltigen Nutzung der Biosphäre sollten daher an den individuellen Bewertern ansetzen und ihre Wertschätzung der Biosphäre

Tabelle 3: Bewertung von biosphärischen Leistungen anhand des Nachhaltigkeitsziels

Quelle: in Anlehnung an Costanza und Folke, 1997

Ziel- oder Wertbasis (Nachhaltigkeitsdimension)	Bewertungsinstanz	Präferenzenbasis	Grad der erforderlichen Diskussion	Grad des erforderlichen wissenschaftlichen Inputs	Spezifische Methode
Effizienz (Ökonomie)	*homo oeconomicus*	gegenwärtige Präferenzen	niedrig	niedrig	Zahlungsbereitschaftsanalysen
Gerechtigkeit (Soziales Ziel)	*homo communicus*	Präferenzen der Gemeinschaft	hoch	mittel	Schleier der Ungewißheit (Rawls)
Ökologische Leistungsfähigkeit (Ökologie)	*homo naturalis*	Präferenzen des gesamten Systems	mittel	hoch	Modellierung mit Vorsicht

stärken. Nur wenn solche Strategien nicht ausreichen, ist eine Bewertung von außen, die nicht auf individuelle Präferenzen abstellt, zusätzlich in den Bewertungsprozeß zu integrieren. Insgesamt wird die Bedeutung ökonomischer Bewertungen als sehr hoch angesehen. Zudem wird durch den heuristischen Charakter des Konzepts des ökonomischen Gesamtwerts deutlich, daß bei jeder Betrachtung der Biosphäre die gesamte Bandbreite der unterschiedlichen Ansprüche – und damit der Werte – berücksichtigt werden muß, ungeachtet der methodischen Schwierigkeiten, die bei einer exakten monetären Bewertung entstehen. Die Bedeutung ökonomischer Ansätze zeigt sich auch in der Biodiversitätskonvention, wo an vielen Stellen auf den Bedarf und das Erfordernis hingewiesen wird, Werte präziser zu erfassen und zu quantifizieren.

5 Empirische Untersuchungen zur Bewertung von Umwelt

5.1 Zur Gegenüberstellung von Akzeptanz und Akzeptabilität

In den bisherigen Kapiteln stand die Frage im Vordergrund: Wie sollen Eingriffe des Menschen in die natürliche Umwelt nach rationalen und nachvollziehbaren Kriterien bewertet werden? Dabei ist bereits deutlich geworden, daß eine solche Bewertung nicht *ex cathedra* vorgeschrieben werden kann, sondern nur auf der Basis von allgemeingültigen Abwägungsleitlinien erfolgen sollte. Bei all diesen Abwägungen sind subjektive Urteile über wünschenswerte Zustände unabdingbar. Wie aber gewinnt man solche Urteile, ohne daß modische Zeitgeisterscheinungen oder unreflektierte Präferenzen den Ausgang der Abwägung beeinflussen?

Damit stößt man auf das Problem der im Alltag gelebten Sittlichkeit. In Kapitel 2 wurde bereits auf die Möglichkeit einer rein konsensualen Ethik hingewiesen. Alles ist erlaubt, sofern alle Betroffenen zustimmen. Diese Form der reinen Zustimmungsethik ist aber kaum als sinnvolles Leitbild für moralische Urteilsbildung einzustufen (WBGU, 1993; Grunwald, 1998). Zum ersten sind faktische Urteile und Präferenzen von Individuen zeit- und ortsabhängig und lassen den Grad an Konsistenz vermissen, der notwendig ist, um weitreichende Abwägungen vorzunehmen. Zum zweiten sind auch moralische Urteile im Alltag von kognitiven oder normativen Überlegungen getragen, die zur Rechtfertigung des Urteils herangezogen werden. So kann etwa eine Bejahung der Todesstrafe auf der Annahme beruhen, durch Androhung der Todesstrafe würden potentielle Täter wirkungsvoll abgeschreckt. Das gleiche gilt auch für die Umweltethik. Viele Menschen akzeptieren die erhöhte Aussterberate von weniger „charismatischen“ Tieren (etwa Insekten oder Bodenmikroben), weil sie deren Funktion für den Erhalt der von ihnen hoch geschätzten Ökosysteme nicht kennen. Zum dritten ist das tatsächliche Umweltverhalten häufig von psychischen oder sozialen Auslösern bestimmt und durch „problemfremde“ Überlegungen überlagert. So können etwa Individuen etwas als wertvoll oder gerechtfertigt ansehen, nur weil ihre Freunde oder geachtete Vertreter von Bezugsgruppen dieses Verhalten als richtig ansehen. Auch die Medien spielen bei der Selektion von Urteilen über Umwelt und Biosphäre bzw. deren Verstärkung eine wesentliche Rolle. Aus all diesen Gründen darf das faktische Verhalten der Menschen nicht der alleinige Maßstab der Bewertung von Handlungsoptionen sein.

Allerdings wäre es ebenso verfehlt, das faktische Verhalten und die tatsächliche Bewertung von Handlungsoptionen als irrelevant für die moralische Bewertung von Umweltgütern anzusehen. In einer pluralen Gesellschaft haben die Präferenzen und gelebten Wertvorstellungen der Menschen einen hohen normativen Anspruch. Niemand kann es einem Individuum verwehren, Folgen einer Handlung nach eigenen Kriterien der Wünschbarkeit zu bewerten.

Anders sieht es jedoch bei kollektiv wirksamen Entscheidungen aus: Hier kann nicht die Präferenz eines einzelnen Individuums Maßstab der Bewertung sein, sondern der Nutzen bzw. die moralische Akzeptabilität für die Gesamtheit der Betroffenen. Auch diese kann man konsensual unter allen Betroffenen ermitteln. Dafür ist aber ein diskursives Verfahren der gegenseitigen Begründung von Standpunkten sinnvoll, damit nicht vorschnelle Urteile das Bewertungsverfahren beherrschen.

Darüber hinaus ist es notwendig, bei der Bewertung von Handlungsoptionen und vor allem bei der Aufstellung von Handlungsnormen die gelebte Sittlichkeit der Menschen nicht zu übersehen. Ethische Lehrbücher haben das menschliche Verhalten selten moralischer gemacht. Die besten Absichten nützen wenig, wenn die mit den Normen verbundenen Verhaltensänderungen nicht einleuchten oder kaum durchsetzungsfähig sind. Man wird weder durch die Setzung von ethisch fundierten Normen die Grundzüge menschlichen Verhaltens umdrehen noch durch ethischen Diskurs Zielkonflikte für alle einsichtig auflösen können.

Aus diesem Grund ist es wichtig, sich mit der faktischen Akzeptanz von Handlungsoptionen im Umfeld des hier diskutierten Anwendungsfelds „Erhalt und nachhaltige Nutzung der Biosphäre“ auseinanderzusetzen. Erst die Umsetzung moralischer Überlegungen in Verhaltensnormen, die auch von den Betroffenen akzeptiert und in das eigene Verhalten integriert werden, bietet eine Gewähr dafür, daß die Eingriffe des Menschen in die Natur nach ethisch begründbaren Mustern erfolgen können.

In diesem Kapitel soll deshalb das faktischen Verhalten von Menschen gegenüber ihrer Umwelt behandelt werden. Dabei wird sich zeigen, daß viele der ethischen Grundsätze, die auf der Basis normativer Entwürfe des „guten“ Lebens oder des Zusammenlebens entstanden sind, im Alltag nur indirekt erkennbar sind. Insofern ist die empirische Erforschung des tatsächlichen Verhaltens vor allem an den vermittelnden Handlungsmotiven und -bedingungen interessiert, die auf das Umweltverhalten der Menschen einwirken. In Kapitel 5.2 geht es um die grundsätzlichen Haltungen der Menschen zu Natur und Umwelt, in Kapitel 5.3 um die Einstellungen zum Umweltschutz und in Kapitel 5.4 um den Zusammenhang zwischen Einstellung und Verhalten. Aufbauend auf den Erkenntnissen, die in den Akzeptanzkapiteln dargelegt wurden, behandelt dann Kapitel 6 besondere Verfahren, mit deren Hilfe man die Werte und Kriterien gesellschaftlicher Gruppen systematisch erfassen, diskursiv behandeln und konstruktiv in ethische Bewertungs- und Abwägungsverfahren einbringen kann.

5.2 Natur und Umwelt in der öffentlichen Wahrnehmung

Was die Naturbilder betriffft, so wurden bereits in Kapitel 2.2 verschiedene Naturverständnisse behandelt (Tabelle 1). Die dort vorgenommene Klassifizierung ging von einer Aufteilung in anthropozentrische (auf den Menschen bezogene) und biozentrische (auf die Natur als Ganzes bezogene) Vorstellungen aus. Eine solche systematische Klassifizierung sagt aber noch wenig darüber aus, wie die Menschen in Deutschland und anderen Ländern Natur wahrnehmen bzw. welches Naturbild sie selbst als angemessen ansehen. Es ist die wahrgenommene und erlebte Umwelt, die Menschen in ihrem Handeln gegenüber ihrer Umwelt anleitet (Graumann und Kruse, 1990; WBGU, 1993). Nicht die objektive Situation der Umwelt oder die von Wissenschaftlern erfaßten Veränderungen innerhalb der natürlichen Umwelt bewirken ein entsprechendes Umweltbewußtsein und -verhalten. Es sind vielmehr die aus eigener sinnlicher Wahrnehmung, der Aufnahme von Informationen durch Mitmenschen und vor allem durch die Massenmedien konstruierten Bilder der Umwelt, die als kognitive Bausteine für das eigene Umweltbewußtsein und zum Teil auch das Umweltverhalten infrage kommen. Individuen, soziale Gruppen wie auch ganze Kulturkreise bilden auf der Basis individueller und sozialer Wahrnehmungsprozesse spezifische Naturbilder und das Verständnis von Umweltprozessen aus (Douglas und Wildavsky, 1982; Dake, 1991). Dabei muß aber berücksichtigt werden, daß Umweltbewußtsein und Umweltverhalten ebenso wie Naturbilder und das Verständnis umweltrelevanter Prozesse von vielen Faktoren abhängen, deren jeweiliges Gewicht aus Gründen unterschiedlicher kultureller, sozialer und psychischer Kontextbedingungen variiert (WBGU, 1993). Auch was genau unter einem Naturbild oder unter dem Begriff des Umweltbewußtseins zu verstehen ist, ist in der Fachliteratur umstritten (Fuhrer, 1995).

Leider gibt es zu den Themen Naturbilder und Umweltverständnis noch relativ wenig verläßliches empirisches Material. Das liegt vor allem daran, daß es nicht einfach ist, die Naturbilder von Menschen durch Befragungen oder Beobachtungen zu erfassen und gültig zu messen. Menschen zu fragen, was sie unter dem Begriff der „Natur“ verstehen oder welches Naturbild sie für angemessen halten, führt kaum zu sinnvollen Ergebnissen. Um zu einem tieferen Verständnis der wahrgenommenen und erlebten Naturbilder zu gelangen, ist man auf differenzierte und kreative Methoden der Sozialforschung angewiesen (Knaus und Renn, 1998).

Ein Beispiel dafür ist die Dissertation einer amerikanischen Sozialwissenschaftlerin, die das Naturverständnis von Deutschen, Schweizern und US-Amerikanern untersucht hat (Shockey, 1996). Ihre Methode bestand darin, Spaziergänger in Nationalparks und Erholungswäldern zu begleiten, deren Eindrücke über zwei bis drei Stunden hinweg zu sammeln und mit ihnen über das Gesehene bzw. Nicht-Gesehene und Vermißte zu reflektieren. Die Ansichten über die Natur waren zwischen Deutschen, deutschsprachigen Schweizern, französischsprachigen Schweizern und US-Amerikanern wesentlich weniger unterschiedlich, als die Autorin ursprünglich vermutet hatte. Die meisten sahen in der Natur ein Refugium, das es gegen die Allmacht von Technik und Zivilisation zu schützen gelte. Ebenso häufig wurde Natur als Standort der eigenen Identitätsfindung und als Verankerung in einer realen statt virtuellen Heimat betrachtet. Bei den meisten Befragten wurde die schleichende Transformation von Natur- in Zivilisationsfläche als eine unumkehrbare, aber keineswegs begrüßenswerte Veränderung der eigenen Lebenswelt begriffen. Häufig charakterisierten die Spaziergänger die anderen, die nicht mehr spazierengehen wollen oder können, als die treibenden Kräfte einer anhaltenden Naturzerstörung. Dabei wurde diesen Menschen keineswegs Bosheit oder Vorsatz unterstellt, sondern mangelnde Motivation aufgrund von Unkenntnis und nicht bewußten Erfahrungsverlusten (Shockey, 1996).

Daß dieser Eindruck mehr als nur eine Momentaufnahme von Gesprächen mit Spaziergängern darstellt, zeigen z.B. die empirischen Arbeiten, die der Soziologe Michael Zwick im Rahmen eines nationalen Verbundprojektes zu Gentechnik und Modernisierung an der Akademie für Technikfolgenabschätzung in Stuttgart durchgeführt hat (Zwick, 1998). In einem ersten Schritt hat Zwick in Tiefeninterviews mit 48 Personen aus unterschiedlichen Lebenslagen (vom Sozialhilfeempfänger bis zum Industriemanager) ausführliche Gespräche geführt und dabei die befragten Personen über ihr Verhältnis zur Natur sprechen lassen. Auf der Basis dieser Interviews konnte er eine Reihe unterschiedlicher Naturbilder identifizieren.

Um die Eindrücke aus den qualitativen Untersuchungen bundesweit zu testen, beteiligte er sich im Jahr 1997 an einer Repräsentativbefragung in Deutschland, bei der die Befragten freie Assoziationen zum Thema Natur einbringen konnten. Diese Assoziationen – maximal drei pro Person – wurden den in den Tiefeninterviews gewonnenen Naturbildern zugeordnet. Dabei wurden insgesamt 18 Kategorien verwendet, unter die nahezu alle Assoziationen (bis auf einen Restbestand von knapp 1%) subsumiert werden konnten (Tabelle 4).

Bereits beim ersten Blick auf Tabelle 4 wird deutlich, daß die Vorstellung von Natur bei den Deutschen durch einige wenige dominierende Naturbilder geprägt ist. Vier von zehn Befragten verbinden mit Natur romantische Assoziationen. Nimmt man den evaluativen Naturbegriff und den ontologischen mit in die Betrachtung auf, dann erreichen die als idealistisch zu kennzeichnenden Naturbilder rund 45% der Nennungen. Fügt man dieser Gruppe schließlich noch das Bild von Natur als reproduktive Größe hinzu, dann wird deutlich, daß über die Hälfte der Befragten solchermaßen „lebensweltlich" geprägte Assoziationen mit der Natur verbinden.

Der zweite Schwerpunkt bezieht sich auf bedrohte, verschandelte oder zerstörte Natur. Auf diese Kategorie entfallen 23% aller Nennungen. Schließt man in diese Kategorie noch das entsprechende Pendant – die Natur als belastete und schutzbedürftige Umwelt – ein, dann folgen immerhin fast 40% der Befragten der Vorstellung einer durch den Menschen bedrohten und schützenswerten Natur. Natur als produktive Ressource wird dagegen nur von einer Minderheit von knapp 3% thematisiert. In den meisten Fällen wird dabei an landwirtschaftliche Nutzung gedacht, einige Male an Verkehr und Straßenbau und lediglich viermal (bei insgesamt 1.500 Befragten) an Natur als Rohstofflieferanten. Auch das nüchterne Systemverständnis von Natur oder das wissenschaftliche Naturbild finden lediglich bei verschwindend kleinen Minderheiten Resonanz.

Die Ergebnisse der Befragung machen deutlich, daß in der Bevölkerung zwei wesentliche und komplementäre Naturbil-

Tabelle 4: Naturbilder in Deutschland
Quelle: Biotech-Survey der Akademie für Technikfolgenabschätzung in Baden-Württemberg, 1997
(Repräsentativbefragung 1997 in Deutschland)

Kategorie	Erklärung	Häufigkeit der Nennung
Romantischer Naturbegriff	Schönheit, Wiesen, Wälder, Naturliebe, Idylle, stets positiv wertende Aussagen	38%
Evaluativer Naturbegriff	Natur ist gut, optimal, sehr wichtig, stets positiv wertend	5%
Ontologischer Naturbegriff	Schöpfung, Apotheose der Natur: Natur ist Gott oder gottähnlich	4%
Reproduktionsbegriff	Gesundheit, Erholung, Entspannung, Wandern, Sport, Urlaub, Ernährung	27%
Bedrohte, zerstörte Natur	Bedrohte Lebensgrundlage, verschandelte, zerstörte Natur, Abgase, Müll, Lärm, Verkehr, Ozon, negativ wertende Aussagen	23%
Umwelt(schutz)begriff	Ökologie, Umweltschutz, Natur erhalten	22%
Gegenkultureller Naturbegriff	Natur ist Gegensatz von Kultur, Unberührtheit, Natürlichkeit, Ursprünglichkeit, Verzicht menschlicher Eingriffe in Natur	9%
Produktive Ressource	Energie, Rohstoffe, Landwirtschaft	3%
Systembegriff	Zusammenspiel von Lebewesen, Pflanzen, Luft, Erde, Bewegung, Autopoiesis	3%
Wissenschaftlicher Naturbegriff	Natur-(Wissenschaften), Naturgesetze, Natur als Wissen, Erkenntnisgrundlage	1%
Natur als Leben (-sgrundlage)	Natur ist Leben, Natur ist lebenswichtig	8%
Nostalgischer Naturbegriff	Natur, wie sie früher einmal war (meist positiv wertend)	1%
Visionärer Naturbegriff	Natur, wie sie einmal sein wird, Verweis auf nachfolgende Generationen (meist normative Aussagen)	2%
Natur als Bedrohung	Naturkatastrophen, Auslese, Natur kann grausam sein	3%
Geographischer Naturbegriff	Draußen sein, Landschaft, Garten, Lebensraum, Umgebung	12%
Funktioneller Naturbegriff	Entstehen, Wachsen, Kraft, Energie, Sterben	5%
Universeller Naturbegriff	Himmel und Erde, Kosmos, All, Sterne	5%
Syntagmatischer Naturbegriff	Nicht wertende Aufzählung von Elementen	29%
Sonstige und keine Angaben		1%

der vorherrschen. Zum einen sehen die Menschen in der Natur einen Hort der Schönheit, Rekreation und Reproduktion, zum anderen ein von der Zivilisation bedrohtes und schutzwürdiges Gut. Dabei spielt kaum eine Rolle, ob die Natur eher anthropozentrisch oder biozentrisch bewertet wird. Sie erscheint in beiden Fällen weder als Bedrohung noch als Rohstofflager, sondern als ein soziales und kulturelles Bezugssystem, dessen Wirkungsweise und Existenz durch moderne Zivilisation in Bedrängnis geraten sind. Die Tradition protektionistischer und romantischer Naturauffassungen ist sicher eine wichtige Erklärung für das relativ ausgeprägte Umweltbewußtsein in Deutschland und für das immer wieder geäußerte Unbehagen an der gegenwärtigen Umweltpolitik.

5.3 Die Wahrnehmung von Umweltbeeinträchtigungen

Wie schon aus den Untersuchungen zum vorherrschenden Naturbild deutlich wurde, einigt die Sorge um eine intakte und auch für die Zukunft leistungsfähige Umwelt nahezu alle Bewohner Deutschlands (Knaus und Renn, 1998). Leider gibt es kaum Umfragen oder sozialwissenschaftliche Untersuchungen, die sich speziell mit der Wahrnehmung und Bewertung der Biosphäre oder dem Arten- und Landschaftsschutz beschäftigen. Die wesentlichen Trends aber, die sich in den Umfragen zu den allgemeineren Themen Umweltschutz und Umweltverhalten niederschlagen, lassen sich auch auf die hier behandelte Thematik des Erhalts und der nachhaltigen Nutzung der Biosphäre weitgehend übertragen.

Das Thema Umwelt ist nicht mehr so populär wie noch vor einigen Jahren, aber die überwiegende Mehrheit der Deutschen spricht sich nach wie vor für eine Verbesserung des Umweltschutzes aus. In einer nationalen Umfrage wurden die Bundesdeutschen 1998 befragt, welchen Stellenwert das Thema „Umweltschutz" auf einer Skala von 0–10 einnehme (Tabelle 5). Das Ergebnis ist eindeutig: Mit einem durch-

Tabelle 5: Wichtigkeit politischer Aufgaben in verschiedenen gesellschaftspolitischen Problemfeldern (Mittelwerte auf einer Skala von 0–10).
Quelle: BMU, 1996

Befragte	West	Ost
Verminderung der Arbeitslosigkeit	9,2	9,6
Verbesserung der Verbrechensbekämpfung	8,4	9,2
Verbesserung des Umweltschutzes	8,3	8,5
Mehr tun für die Aufrechterhaltung der Wettbewerbsfähigkeit der deutschen Wirtschaft	8,0	8,3
Mehr tun für den Erhalt des Sozialstaats	7,7	8,8
Verbesserung der Wohnraumversorgung	7,4	7,6
Verringerung des Zuzugs von Ausländern	6,9	6,9

schnittlichen Wert von 7,8 (West) und 8,0 (Ost) bleibt der Umweltschutz einer der fünf Spitzenreiter in der Prioritätenskala der Befragten (BMU, 1998), auch wenn er gegenüber den Befragungen aus dem Jahr 1996 vom dritten auf den vierten Platz der Prioritätenskala gerutscht ist. Bei einer Untersuchung aus dem Jahr 1996 gaben auf die Frage: „-Machen Sie sich große Sorgen um den Schutz der Umwelt?“ rund 40% an, sie würden sich große und weitere 55%, sie würden sich einige Sorgen machen. Nur 6% machten sich überhaupt keine Sorgen (Citlak und Kreyenfeld, 1999).

Wenn man nach Europa blickt, dann ist die Sorge um eine intakte Umwelt in der Bevölkerung aller europäischen Staaten seit Anfang der 80er Jahre immer unter den fünf wichtigsten genannten Problembereichen zu finden. Dies gilt selbst für die 1996 durchgeführte Eurobarometer-Studie, in der turnusmäßig die Bevölkerung aller EU-Mitglieder repräsentativ befragt wird (Europäische Kommission, 1996). In Dänemark und den Niederlanden erhielt der Umweltschutz den Spitzenplatz in der Sorgenliste, in Deutschland und anderen mitteleuropäischen Staaten landete er im oberen Mittelfeld.

Allerdings ist bei der Interpretation dieser Umfragedaten Vorsicht angebracht. Die meisten Befragungen zum Stellenwert der Umweltproblematik im Vergleich zu anderen wichtigen Themen geben die jeweiligen Antwortkategorien vor; d.h. die Befragten müssen anhand einer Liste von möglichen Problemen diejenigen bestimmen, die ihnen besonders wichtig oder dringlich erscheinen, oder sie müssen diesen Antwortkategorien einen numerischen Dringlichkeitswert zuweisen (vgl. die Kritik an der Umfrageforschung: WBGU, 1996). Legt man den Befragten dagegen eine offene Frage vor, etwa welche Probleme besonders dringlich seien, wird das Thema „Umwelt" nur von einer kleinen Minderheit genannt. In einer von Gallup International 1992 in 24 Ländern durchgeführten Untersuchung wurde beispielsweise mit einer offenen Frage erfaßt, welches aktuell das Hauptproblem des Landes sei (Kuckartz, 1997). Während die Iren und die Niederländer zu rund 40% die Umweltthematik nannten und selbst in den USA und Japan rund 12% die Umwelt als dringlichstes Problem einschätzten, waren es in Deutschland nur 9%. In der gleichen Umfrage wurde eine ähnliche Frage gestellt, bei der die Antwortkategorien jedoch vorgegeben waren. Dabei entpuppte sich Deutschland zusammen mit Südkorea als Spitzenreiter unter den 24 Nationen: Rund 67% hielten die Umweltprobleme für ein „sehr wichtiges Problem". Wie läßt sich dieser Widerspruch erklären?

Für die erstaunliche Diskrepanz im Antwortverhalten gibt es drei plausible Erklärungen: Zum ersten messen Umfragen auch immer soziale Erwünschtheit. Da eine Antwort bei einer Befragung „nichts kostet", sind die meisten Menschen geneigt, das, was als sozial erwünscht und positiv aufgenommen wird, als eigene Meinung zu äußern, selbst wenn sie ihr eigenes Verhalten selten danach ausrichten. Bei einer offenen Frage sind die sozialen Erwünschtheiten oft nicht klar erkennbar und man folgt dem ersten (meist ehrlichen) Impuls. Sind dagegen die Antwortkategorien vorgegeben, fühlt man sich unbehaglich, wenn man einer Kategorie mit hoher sozialer Erwünschtheit nicht auch die entsprechende Referenz erweist. So kann es zu überhöhten Werten kommen.

Zum zweiten ist Umweltschutz ein Dauerbrenner in der politischen Diskussion, der – wie oben bereits erläutert – je nach Problemdruck in der Prioritätenskala nach vorne oder nach hinten geschoben wird. Die Beständigkeit, mit der seit Mitte der 70er Jahre Umweltbelastungen als gesellschaftlich relevante Probleme genannt werden, weist darauf hin, daß dieser Bereich ständig virulent bleibt, aber durch jeweils aktuelle Probleme verdrängt werden kann. Wird Umweltschutz nicht explizit genannt, dann fallen den Befragten die gerade aktuellen Problembereiche ein, werden sie jedoch mit dem Thema direkt konfrontiert, erinnern sie sich daran, daß auch dieses Problem seit Jahren mehr oder weniger ungelöst vorhanden ist. Dann erhält der Umweltschutz erneut hohe Werte auf der Prioritätenskala.

Zum dritten drückt sich in der auftretenden Diskrepanz zwischen den Ergebnissen bei offener und gezielter Befragung aber auch die Kluft zwischen dem allgemeinen Erleben einer Umweltkrise und der persönlichen Betroffenheit von Umweltbelastungen aus. Nur 14% der Deutschen gaben in der oben bereits zitierten Gallup-Umfrage aus dem Jahr 1992 an, sie fühlten sich durch Umweltbelastungen in starker Weise betroffen. Bei einer weicheren Formulierung von Betroffenheit („irgendwie durch Umweltbelastungen gestört“) stieg diese Zahl auf 63% (Kuckartz, 1997). Im internationalen Vergleich landeten die Deutschen aber selbst bei dieser weichen Formulierung im Mittelfeld. Ähnlich läßt sich auch das Phänomen interpretieren, daß die Umweltsituation um so negativer beurteilt wird, je größer der Radius ist, für den man das Urteil ausspricht. Lokale Umwelt wird meist als relativ intakt, die nationale bereits als problematisch und die globale Umwelt als zutiefst bedroht eingeschätzt (de Haan und Kuckartz, 1996; BMU 1998). Dieser Trend gilt nicht nur für Deutschland, sondern auch für die meisten anderen Industrieländer, allerdings nur in begrenztem Maße für Entwicklungsländer (Dunlap und Merting, 1995).

Daß die persönliche Betroffenheit von Umweltschäden als wesentlich geringer eingestuft wird als die allgemeine Umweltqualität, zeigt sich auch in der nationalen Umfrage zum Umweltbewußtsein und Umwelthandeln in Deutschland aus dem Jahr 1998 (BMU, 1998). Die meisten Menschen gaben in dieser Untersuchung an, weltweit würden viele Menschen unter den Auswirkungen der Umweltbeeinträchtigungen leiden, sie selbst seien aber nur in geringem Maße Opfer von Umweltbelastungen. Diese wahrgenommene

Diskrepanz gilt allerdings nicht für Lärmbelästigungen. 15% der Befragten fühlen sich durch Straßenverkehr, 4% durch Flugverkehr und 2% durch Schienenverkehr stark belästigt. Laut Höger (1999) geben sogar 80% der Bevölkerung an, durch Lärm belästigt zu werden. Insgesamt kann man daraus schließen, daß das vermittelte Bild einer schlechten Umweltqualität eine negativere Sicht der Umwelt nahelegt, als sie die Menschen in ihrer Umgebung tatsächlich wahrnehmen.

In der gleichen Umfrage aus dem Jahr 1998 wurden auch spezielle Wahrnehmungen über den Umweltzustand erhoben. Daraus einige Ergebnisse: Rund 65% der Deutschen sind beunruhigt, wenn sie darüber nachdenken, unter welchen Umweltverhältnissen ihre Kinder und Enkelkinder wahrscheinlich leben müssen. Diese Aussage entspricht weitgehend dem Anliegen der Nachhaltigkeit, obgleich dieser Begriff selbst nur von 15% der Befragten in Westdeutschland und von 11% in Ostdeutschland gekannt wird (BMU, 1998). Mit Empörung und Wut über aufgedeckte Umweltprobleme reagieren 53% im Westen und 60% im Osten Deutschlands. Rund 55% der Bevölkerung sind darüber hinaus der Meinung, daß die Menschheit auf eine Umweltkatastrophe zusteuert. Dementsprechend sind auch rund 40% der befragten Bürger bereit, zugunsten der Umwelt Einbußen im Lebensstandard in Kauf zu nehmen. Offenkundig haben die Sorgen um eine nachhaltige Umweltsituation nicht dramatisch abgenommen, wenngleich andere gesellschaftliche Probleme, wie die Arbeitslosigkeit, nach Ansicht der Bundesbürger vorrangig behandelt werden sollten. Gleichzeitig sehen die Befragten aber auch erhebliche Verbesserungen in der Umweltbilanz Deutschlands. Rund 46% sehen große Fortschritte in der Reinhaltung der Gewässer, 34% in der Einsparung von Energie und 30% in der Reinhaltung der Luft. Ausdruck dieser Umweltsensibilität ist, daß die Befragten zum Teil ihr Konsumverhalten und ihren Lebensstil umweltschonender gestalten wollen.

Die Sozialforschung hat die zunehmende Bereitschaft der deutschen Haushalte festgestellt, im Konsumbereich auf ökologische Verträglichkeit zu achten. So waren es 1975 nur

18% der westdeutschen Haushalte, die zugunsten der Umwelt auf Konsum verzichten wollten, 1980 waren es bereits 22% und 1990 schon 65% (Wenke, 1993). 1998 gaben 31% im Westen und 29% im Osten an, sie würden höhere Preise für umweltfreundliche Produkte in Kauf nehmen (BMU, 1998). Ob diese verbale Bereitschaft auf Konsumverzicht auch in wirkliches Handeln übersetzt wurde, läßt sich aus den Umfragen natürlich nicht ersehen.

Auf der Basis dieser verschiedenen Umfragedaten dürfte einer Politik zugunsten eines forcierten Schutzes der Biosphäre eigentlich nichts entgegenstehen. Die überwiegende Mehrheit der Deutschen ist nicht nur problembewußt und von der Notwendigkeit von Kurskorrekturen überzeugt, sie scheint nach allen vorliegenden Umfragedaten zumindest in weiten Teilen auch zu Verhaltensänderungen bereit zu sein, sofern diese der Umwelt wirklich zugute kommen. Hier sind allerdings Zweifel angebracht.

5.4 Umweltverhalten

Bei den meisten Menschen in Deutschland liegt zwar eine positive Einstellung zur Umwelt vor, diese Einstellung stößt aber dann an Grenzen, wenn Zielkonflikte offenbar werden oder wenn zu viele konkurrierende Orientierungen eine eindeutige Verhaltensvorschrift erschweren. Vielfach erfolgt bei Verwirrung über das richtige und gebotene Verhalten eine Fortführung eingespielter Routinen: „Warum sollte ich mein Verhalten ändern, wenn ich nicht genau weiß, was und wie ich es ändern soll?"

Diese Probleme treten in besonderem Maße dann auf, wenn man im Alltag umweltbewußtes Handeln umsetzen möchte. Zwischen den eigenen Einstellungen und dem eigenen Verhalten herrscht dann meist eine deutliche Kluft (Diekmann und Preisendörfer, 1992; dagegen: Gessner und Kaufmann-Hayoz, 1995). Dabei ist jedoch zu beachten, daß je nach Meßverfahren und Forschungsdesign die Verbindung zwischen diesen beiden Größen unterschiedlich ausfällt. Es besteht aber weitgehend Konsens darüber, daß eine direkte Wirkung zwischen Einstellung und Verhalten nicht besteht. Die beiden Sozialforscher Preisendörfer und Franzen fassen die Ergebnisse der Studien zu diesem Thema wie folgt zusammen: „Wenn es eine 'Quintessenz der bisherigen Debatte' zum Zusammenhang von Umweltbewußtsein und Umwelthandeln gibt, dann die, daß umweltorientierte Einstellungen und Werthaltungen nur einen begrenzten Einfluß auf das tatsächliche Umweltverhalten haben.... Insgesamt ist der Effekt des Umweltbewußtseins auf das Umwelthandeln aber nur als moderat zu bezeichnen" (Preisendörfer und Franzen, 1996).

Diese Einschätzung beginnt bereits bei der Betrachtung der verbalen Bereitschaft, zugunsten der Umwelt Opfer zu bringen. Zwar sind fast 2/3 der deutschen Bevölkerung bereit, zugunsten des Umweltschutzes Verhaltensweisen zu ändern und umweltgerecht einzukaufen und zu leben, allerdings schmilzt diese 2/3-Mehrheit schnell zusammen, wenn die Kosten mit ins Spiel kommen (Kuckartz, 1997). Wenn es um Mülltrennung oder gelegentlichen Verzicht auf das Autofahren geht, liegen die Deutschen im internationalen Vergleich der 1993 durchgeführten ISSP-Studie stets an erster Stelle (Kuckartz, 1997). Fragt man jedoch nach der Zahlungsbereitschaft für umweltfreundliche Produkte, dann belegen die Deutschen in den alten Bundesländern den Platz 9 von 24 Ländern und die neuen Bundesländer landen sogar auf dem letzten Platz. Höhere Steuern zugunsten der Umwelt sind ebenfalls in Deutschland wenig populär. Im internationalen Vergleich liegen die alten Bundesländer auf Platz 13. Im Jahr 1998 waren insgesamt nur 19% der befragten Deutschen bereit und weitere 28% zum Teil bereit, höhere Steuern und Abgaben für einen verbesserten Umweltschutz zu tolerieren (BMU, 1998). Auch Geld für Umweltschutzgruppen zu spenden, ist wenig beliebt. Rund 19% der deutschen Befragten gaben an, bereits einmal für eine Umweltschutzgruppe gespendet zu haben. Bei den Briten waren es 30%, bei den Niederländern sogar 44%.

Bei der Umsetzung der verbal geäußerten Handlungsbereitschaft in tatsächliches Verhalten finden sich weitere „Einbußen". So berichten etwa Diekmann und Preisendörfer

(1992), daß selbst von den auf der Skala des Umweltbewußtseins im oberen Drittel liegenden Befragten rund 3/4 mit dem Flugzeug bzw. Auto in die letzten Ferien fuhren. Mehr als die Hälfte dieser Befragten besitzt ein Auto und 1/4 von ihnen benutzt einen Wäschetrockner. Die Diskrepanz zwischen Umweltbewußtsein und Verhalten sollte jedoch trotzdem nicht als Beleg dafür dienen, die Umweltbewußten als typische „Ökoheuchler" zu diffamieren und die ganze Umweltbewegung zu diskreditieren. Im Gegenteil: die empirischen Befunde machen nur allzu deutlich, daß selbst die gut Gewillten und Überzeugten Probleme haben, ihre eigene Einstellung in tatsächliches Verhalten umzusetzen.

Welche Gründe gibt es für das Auseinanderklaffen zwischen eigenem Anspruch und wirklichem Verhalten? Werthaltungen und Einstellungen werden nur dann handlungsrelevant, wenn Individuen entsprechend motiviert sind, einstellungsgetreu zu handeln bzw. einstellungswidrige Handlungen zu unterlassen (WBGU, 1993; Diekmann und Frantzen, 1995).

- Die meisten Handlungen der Menschen dienen anderen Zwecken als dem Schutz der Umwelt. Nur wenn die primäre Zweckerfüllung (etwa Nahrungsaufnahme, Mobilität, Sicherheit) nicht im Widerspruch zu umweltgerechtem Handeln steht, ist mit einer einstellungsgemäßen Verhaltensweise zu rechnen. Anderenfalls tritt ein Zielkonflikt auf, der meist zugunsten des primären Zweckes entschieden wird.
- Einstellungsgetreues Handeln paßt oft nicht in die jeweils aktuelle Situation. Bei gemeinsamen Unternehmungen eines Freundeskreises muß sich z.B. der einzige Umweltbewußte häufig dem Gruppenzwang beugen.
- Umweltbewußtes Verhalten wird häufig nicht aktiviert, wenn sich die betreffende Person in einer bestimmten entscheidungsrelevanten Situation befindet. Bei einem Einkaufsbummel mit Freunden überwiegt der Reiz des Konsums und des gemeinsamen Kaufrauschs. Ehe man sich versieht, hat man schon alles mögliche erstanden, was dann später wieder auf dem Trödelmarkt oder im Abfall landet. Eine Reihe von Untersuchungen zur Verkehrsmit-

telwahl und zum Energieverhalten zeigen ebenfalls, daß Umweltgründe als Motivation für die eine oder andere Verhaltensweise kaum eine Rolle spielen und allenfalls nachträglich als Rechtfertigung benutzt werden (Preisendörfer und Frantzen, 1996). Im Moment der Entscheidung sind Kosten, Einfluß durch andere, gerade erlebte Engpässe oder persönliche Probleme wesentlich wichtiger als abstrakte Umweltschutzgedanken.

- Oft fehlt es an objektiven Handlungsalternativen (WBGU, 1993). So können Mieter oft nur unter großen finanziellen Verlusten in energiesparende Maßnahmen zur Wärmedämmung ihrer Wohnung investieren, Berufspendler nicht auf öffentliche Verkehrsmittel zurückgreifen, und es werden immer noch viele Produkte nur mit aufwendiger Verpackung angeboten.
- Unsicherheiten und der Eindruck der Marginalität des eigenen Verhaltens kommen zu den bereits genannten Faktoren hinzu. Gleichgültig wie ökologisch sinnvoll eine Handlungsweise auch dem einzelnen erscheinen mag, es wird in unserer pluralen Medienwelt mit Sicherheit eine Stellungnahme geben, die diese Maßnahme als zweifelhaft oder sogar kontraproduktiv brandmarkt. Darüber hinaus ist der Beitrag des einzelnen oft so klein, daß er im Bewußtsein des Individuums als unerheblich eingestuft wird (Spada und Ernst, 1992).
- Viele fühlen sich durch die Überlagerung von verschiedenen, sich häufig widersprechenden Handlungsanreizen überfordert. Um handlungswirksam zu werden, müssen zudem die einzelnen Handlungsmöglichkeiten bekannt und in ihren Auswirkungen abschätzbar oder zumindest bewertbar sein.

Wegen der Komplexität der Umweltfragen und der Unsicherheit aufgrund konkurrierender Wertmuster kommt es oft nicht zu einer Übereinstimmung zwischen verbalem und tatsächlichem Verhalten. Im Bereich des Umweltverhaltens sind zu dieser Frage eine Reihe von Untersuchungen vorgenommen worden, die sich direkt auf den Einfluß unterschiedlicher handlungsrelevanter Einflußfaktoren beziehen (Dierkes und Fietkau, 1988; Stern, 1978, 1992, WBGU,

1993; Stern und Dietz, 1994; Schwartz, 1994; Kruse, 1995). Als Fazit dieser Untersuchungen läßt sich festhalten, daß folgende Faktoren das Umweltverhalten positiv, d.h. im Sinn einer die Umwelt schonenden Verhaltensweise beeinflussen:

Wahrgenommene Handlungsmöglichkeiten: Die Menschen müssen mehrere Optionen besitzen, um das Ziel einer Handlung zu erreichen. Sofern ihnen mehrere Möglichkeiten gegeben werden, die alle den Zweck der Handlung sicherstellen, sind sie auch eher geneigt, die Option zu wählen, die mit geringeren Umweltbelastungen verbunden ist. Wer z.B. eine besonders weiße Wäsche bevorzugt, ist auch bereit, ein ökologisch verträgliches Waschmittel zu benutzen, wenn dieses den gleichen Reinheitsgrad liefert.

Positive Einstellung: Obwohl eine positive Einstellung – wie ausführlich dargelegt – das Verhalten nur in bescheidenem Maße beeinflußt, so ist sie doch eine notwendige Voraussetzung für eine umweltgerechtere Lebensführung (Schultz et al., 1995; Mosler und Gutscher, 1998). Wer eine negative Einstellung zum Umweltschutz hat, wird sich erst recht nicht für die Umwelt einsetzen wollen.

Handlungsrelevantes Wissen: Umweltgerechtes Verhalten setzt voraus, daß man die Konsequenzen des eigenen Verhaltens in etwa übersehen kann. Häufig ist selbst den umweltbewußten Menschen nicht klar, welche ihrer Verhaltensweisen die Umwelt besonders belasten und welche nicht. Häufig kommt es zu rituellen Handlungen, die in der Bilanz wenig bringen, aber das Gefühl vermitteln, man habe seine Pflicht gegenüber der Umwelt erfüllt.

Wirtschaftliche Anreize: Auch bei besonders umweltbewußten Personen findet das eigene Umweltverhalten dort seine Grenzen, wo wirtschaftliche Nachteile spürbar werden. Wenn dagegen wirtschaftliche Anreize an umweltfreundliches Verhalten gekoppelt werden, erfolgt nicht nur ein Lernprozeß, sondern auch eine Bestätigung der eigenen Einstellung. Solche „Belohnungen" können oft nur symbolischer Natur sein, sie verweisen dann auf sozial erwünschtes Verhalten und geben Orientierungshilfe. Bei großen finanziellen Verlusten reichen symbolische Entgelte nicht aus; hier sind spürbare Entlastungen gefragt. Ausschließlich auf anreizorientierte Instrumente zu setzen, ist aber auch problematisch. Besonders wirkungsvoll sind Kombinationen von positiver Einstellung, objektiven Handlungsmöglichkeiten und zusätzlichen wirtschaftlichen Anreizen (De Young, 1993; Mosler und Gutscher, 1998).

Moralische Wertschätzung (durch sich selbst und durch andere): Auch unwirtschaftliche Verhaltensweisen werden häufig dann aufgegriffen, wenn die Menschen mit der Umsetzung einer Verhaltensweise eine soziale oder moralische Wertschätzung erfahren. So werden Güter und vor allem Dienstleistungen auch oft an andere verschenkt, selbst wenn sie auf dem freien Markt noch einen Preis erzielen würden. Auch umweltgerechtes Handeln könnte mehr als bisher von dem Leitgedanken der moralischen Wertschätzung getragen werden. Dabei geht es nicht um moralischen Druck, sondern vielmehr um die Verknüpfung von sozialer Anerkennung mit umweltgerechtem Handeln.

Eindeutigkeit der Kommunikation und Informationsinhalte: Konfusion und Unsicherheit sind zwei wichtige Barrieren gegen die Umsetzung umweltbewußter Verhaltensweisen. Durch Umweltbildung und Umweltlernen lassen sich diese Unsicherheiten zum Teil ausgleichen (WBGU, 1996). Gleichzeitig kann eine gezielte Beratungstätigkeit Menschen in unsicheren Entscheidungssituationen weiterhelfen. Darüber hinaus lassen sich durch Öffentlichkeitsarbeit und Information mehr Klarheit und Eindeutigkeit in die öffentliche Berichterstattung bringen.

Unterstützung durch soziale Netzwerke: Je mehr der einzelne erfährt, daß die für ihn relevanten sozialen Gruppen eine bestimmte Verhaltensnorm pflegen und auch beherzigen, desto eher ist er bereit, sich diese Verhaltensweise zu eigen zu machen. Untersuchungen aus den USA zum Radon-Problem haben beispielsweise gezeigt, daß unter allen Maßnahmen, Menschen auf die gesundheitsbelastenden Folgen von Radon aufmerksam zu machen, die Information durch soziale Netzwerke die erfolgreichste war (Fisher, 1987). Die Integration von Netzwerken in Umweltbildungs- und Informationsprogramme erweist sich als eine besonders wirkungsvolle Methode, umweltgerechtes Verhalten zu fördern.

Sinnliche Wahrnehmung von positiven Konsequenzen, die durch das eigene Verhalten ausgelöst werden: Eines der wesentlichen Hemmnisse, Umweltbewußtsein und Umwelthandeln in Einklang zu bringen, ist die mangelnde Wahrnehmung der positiven Konsequenzen des eigenen Handelns. Wer sorgfältig Müll sortiert, seine Wäsche an die Leine hängt, keine chemischen Spritzmittel benutzt und auf Auto oder Flugzeug verzichtet, erfährt zwar die Kosten des Umweltschutzes im Sinn von Zeit und Aufwand am eigenen Leib, wird aber nicht für sein Handeln belohnt. Dies führt häufig zu großen Motivationsverlusten. Um dieses Manko auszugleichen, kann man auf der einen Seite technische Maßnahmen ergreifen und Einsparerfolge direkt sichtbar machen (etwa im Energiebereich), zum anderen können öffentliche Institutionen Rückmeldungen geben, welche positiven Ziele durch das umweltgerechte Verhalten der Bevölkerung erreicht werden konnten. Erst durch diese Rückkopplung steht dem persönlichen Aufwand auch ein positives Ergebnis gegenüber, der Motivationsverlust kann überbrückt werden.

Die Kombination von ökonomischen Anreizen, positiven Einstellungen und objektiven Handlungsmöglichkeiten bei gleichzeitiger Sicherstellung der Visualisierung von positiven Folgen der eigenen Handlungen hat sich als besonders wirkungsvoll für anhaltende Verhaltensänderungen erwiesen. Daneben spielen aber auch die Eindeutigkeit der vermittelten Botschaften und die Unterstützung durch informelle Netzwerke eine wesentliche Rolle.

Umwelteinstellungen und Umweltverhalten sind also komplexe Phänomene, die sich aus vielen Faktoren zusammensetzen und oft auseinanderklaffen (WBGU, 1993). Die Sorge um eine intakte Umwelt hat in Deutschland alle Bevölkerungsschichten ergriffen und ist aus dem Wertkatalog der Deutschen nicht mehr wegzudenken. Die Verbesserung der Umweltqualität ist aber nicht zum Nulltarif zu haben. Ohne Einsicht in die Zielkonflikte sind Enttäuschungen programmiert. Verbesserte Kommunikationsformen zwischen Politik und Öffentlichkeit sind daher unabdingbar, um die notwendig auftretenden Zielkonflikte zu verdeutlichen und wirkliche Güterabwägungen vorzunehmen.

5.5 Interkulturelle Unterschiede im Umgang mit Natur

Die bisherigen Studien waren weitgehend auf Deutschland und andere Industrienationen bezogen. Diese Gesellschaften haben bei aller Verschiedenartigkeit ihrer sozialen Struktur und ihres kulturellen Selbstverständnisses viele Gemeinsamkeiten, die auf relativ homogene Bewertungen von Natur hinweisen und damit eine faktische Grundlage für Verhandlungs- und Abstimmungsprozesse schaffen. Wie sieht es aber bei anderen Kulturen und in Ländern mit anderem ökonomischen Entwicklungsstand aus?

Leider gibt es nur wenige empirische Arbeiten, die einen aussagekräftigen Vergleich verschiedener Länder und Kulturen im Hinblick auf Umweltbewußtsein und Umweltverhalten erlauben. Die Möglichkeit kulturell bedingter Reaktionen auf Frageformulierung und Forschungsdesign verlangt ein hohes methodisches Niveau, das leider von den meisten kommerziellen Umfragen, die über mehrere Länder hinweg vergleichend durchgeführt wurden, nicht erreicht wird. Die Problematik der fragwürdigen Gültigkeit internationaler und kulturvergleichender Untersuchungen ist bereits mehrfach vom Beirat kritisch angemerkt worden (WBGU, 1993). Zur Frage der Risikowahrnehmung liegt seit kurzem ein Sammelband vor, in dem international vergleichende Studien zur Wahrnehmung und Bewertung von Umweltrisiken gesammelt worden sind (Renn und Rohrmann, 1999). In diesem Band sind Industrieländer wie die USA, Deutschland, Frankreich, Australien und Japan vertreten, Entwicklungs- bzw. Schwellenländer wie Brasilien und China und schließlich Transformationsländer wie Bulgarien und Rumänien. Afrikanische Kulturen sind aber auch in diesem Band nicht repräsentiert.

Was sind die wichtigsten Ergebnisse des interkulturellen Vergleichs? Zunächst einmal wird deutlich, daß die primären

Ziele „Erhalt des Lebens“ und „Unversehrtheit des Menschen“ ebenso universell sind wie der Wunsch nach weiterer wirtschaftlicher und persönlicher Entfaltung. Selbst in China, wo nach offizieller Lesart freiheitliche Entfaltungswerte gegenüber kollektiver Disziplin in den Hintergrund treten, läßt sich ein klarer Wunsch nach Ausweitung des individuellen Freiheitsraums feststellen. Allerdings ist das Vertrauen in kollektive Risiko-Management-Institutionen dort wesentlich höher als in den meisten Industriestaaten (Rohrmann und Chen, 1999).

Ein zweiter überraschender Befund besteht in der zunehmenden Ausdifferenzierung gesellschaftlicher Subkulturen, die sich immer weiter globalisieren und damit universell werden. Die Bankiers, die Feministinnen, die Physiker, die Verwaltungsbeamten oder die Umweltschützer dieser Welt werden sich zunehmend ähnlicher, während sie mit ihren Landsleuten immer weniger gemein haben. Überspitzt ausgedrückt: Die Bankiers von Brasilien, Neuseeland, Rumänien und Deutschland verstehen sich untereinander besser als mit ihren eigenen Kindern. Während sich nationale Kulturen immer weiter differenzieren bis hin zur Gefahr eines Verlusts an integrativer Kraft, gleichen sich internationale Subkulturen immer weiter an. Daran sind die neuen Informationsmedien, die Globalisierung der Wirtschaft und die Funktionalisierung von Aufgabenbereichen sicherlich maßgeblich beteiligt. Zwar gibt es immer noch relevante Unterschiede zwischen den Vertretern ähnlicher Gruppen in unterschiedlichen Ländern, diese sind aber weniger stark ausgeprägt als die Unterschiede zwischen den Gruppen innerhalb eines Landes (Rohrmann, 1994).

Ein dritter Aspekt ist vor allem für die Debatte um anthropozentrische und biozentrische Sichtweisen von Bedeutung. In allen untersuchten Ländern werden risikoreiche Eingriffe in die Natur als im wesentlichen kompensationsfähige Wertverletzungen wahrgenommen. Fundamentalistische Einstellungen gegenüber der Natur (im Sinn der unbedingten Norm der Erhaltung gegenüber der Nutzung) finden sich selbst bei Umweltschützern selten. Allerdings variieren die für erforderlich gehaltenen Kompensationsleistungen erheblich von

Land zu Land. Während vor allem in den Transformationsländern (Bulgarien und Rumänien) ökonomische Nutzengewinne als ausreichendes Gegengewicht zu schwerwiegenden Eingriffen in die Natur angesehen werden, sind in vielen Industrie-, aber auch Entwicklungsländern Verbesserungen des Gemeinwohls (wie auch immer definiert) notwendige Bedingung dafür, daß in die Natur eingegriffen werden darf. Wenig Belege gibt es auch für einen direkten Einfluß von Religion und traditioneller Kultur auf die Wertschätzung von Umwelt. Asiatische Vorstellungen einer biozentrischen Sichtweise sind meist kontemplativ gemeint und nicht als Anleitung für praktisches Handeln; dementsprechend findet sich auch in diesen Ländern wenig Widerstand gegen eine Ausbeutung der Natur (Szejnwald-Brown et al., 1995).

Natürlich stellten die empirischen Sozialforscher auch eine Reihe von wesentlichen Unterschieden bei der Wahrnehmung von Umweltrisiken fest: So variiert etwa der Grad der Apathie gegenüber Umweltrisiken (Schicksal oder Folge menschlicher Aktivität) zwischen den untersuchten Ländern ebenso wie das Ausmaß der Furcht vor natürlichen im Gegensatz zu technischen Risiken. Kulturelle Faktoren sind sicherlich auch mit dafür verantwortlich, was Menschen angeben, wenn sie gefragt werden, wovor sie sich am meisten fürchten (unabhängig von der Höhe des Risikos). Dennoch ist der Grad der Übereinstimmung zwischen den Ländern wesentlich höher, als man dies auf Grund der sehr unterschiedlichen Kulturen vermuten würde.

Was bedeuten diese Befunde für die Frage nach den ethischen Bewertungskriterien für Eingriffe in die Biosphäre? Die stereotype Antwort, diese Kriterien müßten immer relativ zur jeweiligen Kultur bestimmt und gesehen werden, deckt sich nicht mit den bisherigen (zugegebenermaßen dürftigen) empirischen Ergebnissen. Zumindest bei den primären Prinzipien herrscht weitgehende Einigkeit unter den Menschen aller Kulturen. Dort, wo diese Einigkeit angezweifelt wird, ist kritisch zu fragen, ob es nicht im Interesse der jeweiligen Regierungen, aber keineswegs in der Tradition der Kultur, begründet liegt, daß auf Abweichungen vom internationalen Konsens bestanden wird. Darüber hinaus bringt es die zunehmende Professionalisierung und Globalisierung von Subkulturen mit sich, daß in den internationalen Verhandlungen Personen mit ähnlicher Grundauffassung und ähnlichem Bewertungshintergrund zusammenkommen. Auch dort werden sogenannte kulturelle Unterschiede oft aus taktischen Überlegungen hochgespielt, ohne daß es dafür wirklich eine empirisch belegbare Grundlage gibt.

Aus diesem Grund empfiehlt der Beirat der Bundesregierung, bei der Frage nach den primären Prinzipien zum Schutz der Biosphäre mit dem Anspruch auf universelle Gültigkeit aufzutreten. Die in den unterschiedlichen Kulturen vertretenen Werte und Normen sind weder faktisch noch in ihrer normativen Begründung so divers, daß man für jede Kultur eine eigene Umweltethik entwickeln oder berücksichtigen müßte. Dies bedeutet natürlich nicht, daß jede Norm, die in Deutschland besteht, auf die gesamte Welt zu übertragen sei. Hier geht es vielmehr um die primären Prinzipien, wie sie etwa in den Menschenrechtserklärungen zusammengefaßt sind.

Interkulturelle Untersuchungen über Naturverständnis und Umweltverhalten sind trotz des hier vertretenen Anspruchs der Universalität primärer Handlungsprinzipien weiterhin wichtige und unabdingbare Indikatoren für die Erfassung von individuellem und sozialem Verhalten der Menschen gegenüber ihrer natürlichen Umwelt. Ohne dieses Wissen ist es schwer, wenn nicht sogar unmöglich, konkrete Maßnahmen zur Ausgestaltung von umweltrelevanten Prinzipien und Normen zu entwerfen und Formen der Umsetzung dieser Normen in Alltagshandeln zu entwickeln und zu realisieren. Es ist das dringlichste Forschungsdesiderat in diesem Gutachten, die interkulturell vergleichende Sozialforschung zu den Themen Umweltbewußtsein, Umweltverhalten und institutionelle Umsetzung von Umweltnormen zu fördern.

6 Verfahren zur Schaffung und Begründung von Normen zum Biosphärenschutz

6.1 Das Wertbaum-Verfahren zur Erfassung gesellschaftlicher Werte

Aus der Analyse des nationalen wie internationalen Umweltverhaltens wird deutlich, daß viele Menschen hoch motiviert sind, im Sinn des Biosphärenschutzes zu handeln, aber zum einen nicht recht wissen, wie sie sich im Dschungel konkurrierender Wertorientierungen zurechtfinden sollen, und zum anderen darüber unsicher sind, wie sie gemeinsam mit anderen kollektiv wirksame Normen vereinbaren und schließlich auch durchsetzen können. In diesem Kapitel geht es um ein Verfahren, das den Akteuren in der Umweltpolitik helfen kann, gesellschaftlich relevante Orientierungen zu gewinnen und kollektiv verbindliche Kriterien für die Bewertung von menschlichen Eingriffen begründet aufzustellen. In Kapitel 6.2 wird dann gezeigt, wie man diese gemeinsamen Kriterien im Rahmen diskursiver Verhandlungsführung einsetzen und zu einer verbindlichen Vereinbarung über Umweltziele, angemessene Instrumente und deren Umsetzung kommen kann. Beide Verfahrensvorschläge, die sich gegenseitig ergänzen, können sowohl auf nationaler wie auf internationaler Ebene eingesetzt werden.

Zielkonflikte zu verdeutlichen und auf der Basis von Folgewissen und nachvollziehbaren Bewertungskriterien Handlungsoptionen auszuwählen, gehört zu den zentralen Aufgaben einer ethisch fundierten Abwägung. In diesen Abwägungsprozeß müssen aber die vorhandenen Wertvorstellungen und Präferenzen der Menschen eingebunden sein. Wie kann dies aber angesichts der Fülle konkurrierender Werte und Präferenzen geschehen? Sollte man einfach die Ergebnisse demoskopischer Untersuchungen als Grundlage der politischen Entscheidungsfindung übernehmen? Kann man aus den Untersuchungen, die in den vorherigen Kapiteln beschrieben wurden, ethisch begründbare Entscheidungskriterien oder sogar handlungsleitende Normen ableiten?

Sofern Umweltgüter individualisierbar und durch Eigentumsrechte marktfähig gemacht sind, sorgt der sich am Markt bildende Preis für eine angemessene In-Wert-Setzung des Umweltguts, wie in Kapitel 4 gezeigt. Jeder Nutzer dieses Guts kann dann abwägen, ob er den Preis zu zahlen bereit ist oder lieber auf die Nutzung verzichtet. Bei vielen Umweltgütern muß die In-Wert-Setzung aber durch kollektives Handeln erfolgen, weil es sich bei dem jeweiligen Umweltgut um ein kollektives oder ein Allmende-Gut (open access) handelt. In diesem Fall benötigt man ein Verfahren, das die In-Wert-Setzung sicherstellt und gegenüber dem Kollektiv rechtfertigt. Diese In-Wert-Setzung läßt sich aber nicht mit Hilfe von Untersuchungsergebnissen zur Einstellung gegenüber Umweltgütern oder zum Umweltverhalten bestimmen. Zwar sind solche Untersuchungen notwendig, um die Spannweite der Präferenzen und Zahlungsbereitschaften der Menschen abschätzen zu können, sie reichen aber für die Ableitung konkreter Entscheidungskriterien nicht aus. Zum ersten streuen die Wertschätzungen durch Individuen erheblich, so daß eine Mittelwertbildung hier wenig Sinn macht. Zum zweiten verändern sich die in Umfragen geäußerten Präferenzen innerhalb kürzerer Zeitspannen, während ethische Bewertungen für längere Zeit Gültigkeit beanspruchen müssen. Zum dritten beruhen, wie im Eingangsteil dieses Kapitels ausgeführt, Präferenzen häufig auf fehlerhaftem Folgewissen oder assoziativen Bewertungen, die nach rationalen Überlegungen nicht ausschlaggebend sein dürften. Was man braucht, ist also ein schrittweiser Abwägungsprozeß, bei dem empirisch vorhandene Wertorientierungen in einer konsistenten und logisch folgerichtigen Form eingebracht werden.

In der politikwissenschaftlichen und soziologischen Literatur wird meist auf drei Möglichkeiten des Einbezugs gesellschaftlicher Werte und Präferenzen in rationale Entscheidungsprozesse verwiesen (Renn, 1997). Zum ersten wird Rückbezug auf gesellschaftliche Präferenzen allein als eine Frage des Verfahrens angesehen (Luhmann, 1983; Vollmer,

1996). Die Entscheidungsfindung erfolgt nach formalen Entscheidungsregeln (etwa Mehrheitswahlrecht). Sind alle Regeln eingehalten worden, ist eine Entscheidung allgemein verpflichtend und verbindlich, gleichgültig ob der Inhalt der Entscheidung begründet werden kann oder ob die von der Entscheidung betroffenen Menschen die Begründung nachvollziehen können. Bei dieser Variante muß lediglich ein gesellschaftlicher Konsens über die Struktur des Verfahrens gefunden werden, an den Entscheidungen selbst sind dann nur die beteiligt, die im Rahmen des beschlossenen Verfahrens dazu explizit legitimiert sind.

Zum zweiten kann man sich auf die im politischen Meinungsprozeß gewachsenen Minimalkonsense (muddling through) verlassen (Lindbloom, 1959, 1965). Als legitim werden dabei nur solche Entscheidungsoptionen angesehen, die den geringsten Widerstand in der Gesellschaft hervorrufen. Gesellschaftliche Gruppen nehmen in dieser Steuerungsvariante insoweit auf den Prozeß der Willens- und Entscheidungsbildung Einfluß, wie sie anschlußfähige, d.h. dem Verarbeitungsstil des politischen Steuerungssystems angepaßte Vorschläge liefern und öffentlichen Druck mobilisieren. In der Politik setzt sich dann der Vorschlag durch, der sich im Wettstreit der Vorschläge am besten behauptet, d.h. der für die politischen Entscheidungsträger die geringsten Einbußen an Unterstützung durch Interessengruppen mit sich bringt.

Die dritte Variante setzt auf den Diskurs zwischen den beteiligten Gruppen (Habermas, 1971, 1991; Renn und Webler, 1998). Im kommunikativen Austausch der am Diskurs beteiligten Personen bildet sich eine von allen nachvollziehbare Bewertungslogik heraus, die als Rechtfertigung für kollektiv verbindliche Anweisungen dienen kann. Zugleich erheben diskursive Verfahren den Anspruch, die Vernunftnatur des Menschen angemessener zur Geltung zu bringen und auch gerechtere und kompetentere Lösungen von Problemen zu liefern. An dieser Stelle sollen diese weitergehenden Ansprüche nicht näher ausgeführt werden. Gleichgültig welche Ansprüche man im einzelnen mit diskursiven Prozessen verbindet, sie müssen nach bestimmten Regeln strukturiert sein, um ihre Leistungsfähigkeit zu gewährleisten (etwa konstruktive Problemlösungen sachgerecht und fair bereitzustellen) und strategische Verhaltensweisen der Teilnehmer so weit wie möglich zu verhindern. Im Prinzip ist die Rechtfertigung entscheidungsrelevanter Normen an zwei Bedingungen geknüpft: Zustimmung aller Beteiligten und substantielle Begründung der im Diskurs gemachten Aussagen (Habermas, 1981).

Alle drei Varianten der politischen Steuerung sind in unterschiedlichem Maß in modernen Gesellschaften vertreten. Legitimationskonflikte ergeben sich meist dann, wenn die drei Varianten in Reinform verwirklicht werden. Eine lediglich formale Einhaltung von Entscheidungsregeln ohne inhaltliche Begründung trifft bei betroffenen Gruppen, vor allem dann, wenn sie negative Nebeneffekte oder Risiken zu erleiden haben, auf Unverständnis und Ablehnung. Es kommt zur Akzeptanzverweigerung. Geht man dagegen den umgekehrten Weg des geringsten Widerstands und richtet sich nach der jeweils marktgängigsten Politik, dann ist man sich zwar des Beifalls der einflußreichen Gruppen sicher, die unterlegenen Gruppen werden aber wie im ersten Fall wegen mangelnder Begründung der Entscheidung ihre Akzeptanzbereitschaft nach und nach aufkündigen. Gleichzeitig wächst auch bei der betroffenen Bevölkerung der Überdruß an einer Politik ohne Linie und Führungsanspruch. Politikverdrossenheit ist dann die Folge.

Verbleibt die dritte Möglichkeit der diskursiven Steuerung. Diese Variante ist zwar im Idealfall geeignet, nachvollziehbare Begründungen für das Entscheidungsverfahren wie das Entscheidungsprodukt zu liefern, im Realfall lassen sich die Bedingungen aber selten einhalten, die einen auf Verständigung zielenden Diskurs charakterisieren (Wellmer, 1992). Häufig verhelfen Diskurse strategisch operierenden Akteuren zur Paralyse praktischer Politik, indem endlose Sitzungsmarathons durch Unmengen an Geschäftsordnungsanträgen und peripheren Diskussionsbeiträgen erzwungen werden. Die „Diktatur des Sitzfleisches“ (Weinrich, 1972) bestimmt letztendlich, welche Begründungen akzeptabel sind. Die Bevölkerung sieht sich durch solche Diskurse, die mit großem Anspruch beginnen und mit trivialen Erkenntnissen enden, verunsichert und enttäuscht. Kurzum: keiner der drei Auswege aus dem Steuerungsdilemma kann für sich allein überzeugen; es kommt, wie so häufig in der Politik, auf die richtige Mischung an.

Wie müßte eine Mischung aus den drei Elementen (Verfahrensrationalität, pluralistisches muddling through und Diskurs) aussehen, damit ein Höchstmaß an Rationalität auf der Basis gesellschaftlicher Wertprioritäten zustande kommen kann? Die Einhaltung dieser Bedingung ist in der Regel daran gebunden, daß die Entscheidungen als problemadäquat, gerecht und effizient angesehen werden. Das Verfahren zur Entscheidungsfindung muß einen fairen Zugang aller betroffenen Gruppen auf direkte oder indirekte Weise gewährleisten, und das Entscheidungsprodukt muß einerseits durch die Kraft der Argumente wie durch den Einbezug aller relevanten Werte und Interessen Gültigkeit und Verbindlichkeit beanspruchen können (Münch, 1982; Dahl, 1989). An dieser Stelle soll ein besonderes Verfahren vorgestellt werden, das es ermöglicht, die in einer Gesellschaft vorhandenen Wertvorstellungen in das Entscheidungsverfahren einzubringen. Dieses Verfahren wird als Wertbaumanalyse bezeichnet (Keeney et al., 1984; Renn, 1997).

Die ersten theoretischen Vorschläge und praktischen Umsetzungen der Wertbaumanalyse gingen von einer gegebenen Wertstruktur von Gruppen und Individuen in einer pluralen Wertewelt aus (von Winterfeldt und Edwards, 1986). Aufgabe der Wertbaumanalyse war es, die latenten Werte einer Person oder einer Gruppe in eine logisch konsistente und kommunikativ nachvollziehbare Form zu bringen. Dazu wurden Vertreter der jeweiligen Gruppen in Einzelinterviews ausführlich befragt, nach welchen Werten und Kriterien sie eine Entscheidung über einen bestimmten Gegenstand (etwa Ölbohrungen vor der Küste Kaliforniens oder die Wahl eines umweltverträglichen Energiesystems) treffen würden. Die Wertbaumanalytiker hatten dann die Aufgabe, die Angaben der Interviewpartner in eine hierarchische Baumstruktur zu überführen (Oberwerte im Stamm,

Unterwerte in den Ästen) und diesen Strukturierungsversuch von den Interviewpartnern bestätigen zu lassen.

Jeder Wertbaum einer Gruppe spiegelt, sofern er korrekt aufgestellt und von den Gruppenmitgliedern als vollständig und problemangemessen validiert wurde, ein Abbild der (verbal) gelebten Sittlichkeit dieser Gruppe wider, oder besser gesagt ein Abbild der Sittlichkeit, wie es die Mitglieder der Gruppe als normativ sinnvoll und geboten ansehen. Mit jedem Einzelwertbaum verfügt jede Gruppe über eine Strukturierungs- und Bewertungshilfe für die Beurteilung unterschiedlicher Handlungsoptionen. Gleichzeitig eignen sich die einzelnen Wertbäume als Ausgangspunkte eines gemeinsamen Dialogs zwischen den Gruppen, da mit den ähnlich strukturierten Wertbäumen eine gemeinsame Basis in der gegenseitigen Kommunikation erreicht werden kann (Keeney et al., 1984). Das Problem besteht jedoch darin, eine Art Aggregationsverfahren zu finden, mit dessen Hilfe man verschiedene Wertbäume integrieren oder zu einem gemeinsam getragenen Kriterienkatalog zusammenfassen könnte.

Aus dieser Schwierigkeit heraus entstand eine zweite, erweiterte Variante der Wertbaumanalyse, bei der ein von allen Gruppen gemeinsam getragener, sog. additiver Wertbaum erstellt wird. Auch dabei stand zunächst die deskriptive Ethik Pate. Aus der Tatsache heraus, daß Wertsammlungen beliebig vergrößerbar sind, es also keine Nullsummenspiele bei der Aufstellung von Werten gibt, entsprang die Idee, alle Wertbäume additiv zu verknüpfen, also im Prinzip alle Redundanzen zwischen den Wertbäumen wegzuschneiden und die verbleibenden Werte in eine konsistente Ordnung zu bringen. Gemeinsame Wertbäume umfassen also die Gesamtheit der Werte aller an der Analyse beteiligten Gruppen. Ebenso wie die Einzelwertbäume der jeweiligen Gruppen erhält auch der Gesamtwertbaum erst dann seine Gültigkeit, wenn er von allen Gruppen bestätigt wird. Ist dies einmal erfolgt, dann kann man sicher sein, daß die zentrale Forderung erfüllt ist, nämlich ein Instrument verfügbar zu haben, das plurale Wertvorstellungen in den Rahmen eines gemeinsam getragenen Bewertungsrasters integriert.

So elegant diese Lösung des additiven Wertbaums auf den ersten Blick erscheint, auch sie hat ihre Probleme. Zum einen bleibt dem Außenstehenden immer verborgen, ob die Zustimmung der jeweiligen Bezugsgruppe wirklich aus Einsicht erfolgt ist oder ob sie durch situativen Gruppendruck oder durch einfache Ermüdungserscheinungen zustande gekommen ist. Einen Ausweg aus dieser Situation bietet nur eine Lösung, bei der nicht nur die pluralen Werte und Interessen formal eingebunden, sondern die getroffenen Einigungsergebnisse der Gruppen auch nachvollziehbar vor den anderen begründet werden (Chambers, 1992).

Beide Bedingungen gleichzeitig zu erfüllen, setzt eine diskursive Form der Beratung über den gemeinsamen Wertbaum voraus. Aus dem additiven Wertbaum muß ein von allen Gruppen gemeinsam konstruierter Wertbaum werden. Nach Erstellung der jeweiligen gruppenspezifischen Wertbäume muß in einem diskursiven Verfahren Verständigung darüber erzielt werden, welche Werte in den gemeinsamen Baum aufgenommen und aus welchen Gründen sie ausgewählt werden sollen. Erst wenn alle Gruppen ihre Gründe dargelegt und verteidigt haben, kann in einer gemeinsamen Diskussion (konsensual) entschieden werden, ob und inwieweit der vorgeschlagene Wert Eingang in den gemeinsamen Wertbaum findet. Ein diskursiver Wertbaum verspricht erstens eine faire und vollständige Erfassung aller relevanten Wertvorstellungen in einer pluralen Gesellschaft, zweitens eine intersubjektive Begründung der in den Wertbaum einfließenden normativen Annahmen und drittens eine nachvollziehbare und transparente Form der Darstellung von Werten für die am Diskurs nicht beteiligten Außenstehenden.

Der Prozeß der Wertbaumerstellung läßt sich in sieben Phasen unterscheiden (Tabelle 6). In der ersten Phase geht es um die Erfassung und Aufnahme der Werte, die von den Mitgliedern einer Gruppe als relevant zur Bewertung der verschiedenen Handlungsoptionen eingestuft werden. Diese Erfassung erfolgt in persönlichen Gesprächen zwischen den Analytikern und Vertretern der jeweiligen Gruppe. Sinn der Gespräche ist es, latente oder schon bewußte Verbindungs-

Tabelle 6: Die Schritte einer Wertbaumanalyse
Quelle: WBGU

Schritt	Beschreibung
1	Persönliches Interview mit dem oder den Vertreter(n) einer Interessen-, Lebensstil- oder Wertgruppe
2	Strukturierungsvorschlag der Interviewergebnisse in Form eines hierarchisch gegliederten Wertbaums
3	Rückkopplung des Vorschlags an die Interessengruppe und Sammeln von Verbesserungsvorschlägen
4	Iteration von Rückkopplung und Verbesserung, bis Mitglieder der Interessengruppen dem Wertbaum für ihre Organisation zustimmen
5	Ausarbeitung eines gemeinsamen additiven Wertbaums im Diskurs mit allen beteiligten Gruppen in mehreren Sitzungen: Definition und Klärung der Begriffe (Extention) Begründung für normative Geltung aller Werte Begründung für Anwendbarkeit auf Bewertungsobjekte Einigung auf Grundstruktur des Baums Erarbeitung eines gemeinsamen Wertbaums
6	Überprüfung des gemeinsamen Wertbaums nach formalen Gesichtspunkten
7	Validierung des Gesamtwertbaums durch jede Gruppe (mit Möglichkeit der Nullgewichtung einzelner Werte)

linien zwischen den einzelnen Werten und den vermuteten Folgen der Optionen in eine logische Struktur einzubinden, die von den Befragten als adäquat und einstellungsgetreu wahrgenommen wird.

Grundsätzlich wird jedoch während des Interviews angestrebt, zu einer hierarchischen Baumstruktur mit den allgemeinen Werten an der Wurzel und den speziellen Kriterien und Attributen an der Spitze zu gelangen. Ein wesentliches Kennzeichen der Wertbaumanalyse ist schließlich die interaktive Vorgehensweise. Nach der ersten Befragung wird von den Analytikern der Wertbaum aufgestellt und an den oder die Befragten zurückgekoppelt. Alle Änderungsvorschläge, die nicht zu Redundanzen oder Ausbrüchen aus der Strukturlogik führten, werden von den Analytikern aufgegriffen und in den Wertbaum der Befragten integriert. Dieser interaktive Prozeß kann über mehrere Runden fortgesetzt werden.

Nachdem der Wertbaum für eine Gruppe aufgestellt, in eine hierarchische Struktur überführt und in mehreren Sitzungen sukzessiv verbessert worden ist, muß er den anderen

Mitgliedern der jeweiligen Gruppe vorgestellt und von diesen als verbindlich verabschiedet werden. Die Rolle der Analytiker in diesem Prozeß besteht darin, die Mitglieder in ihrem Streben nach innerer Konsistenz und optimaler Überzeugungskraft des Wertbaums zu unterstützen, damit die Gruppenmitglieder mit Zuversicht in den Diskurs mit anderen Gruppen eintreten können.

Sind die einzelnen Wertbäume von den Gruppenmitgliedern als verbindlich anerkannt worden, erfolgt der diskursive Prozeß der Erstellung eines gemeinsamen Wertbaums. In diesem Schritt geht es um die semantische Klärung der Begriffe, die Diskussion um die normative Berechtigung bzw. Begründung einzelner Kategorien, die Festlegung von Minimalzielen oder Ausschlußkriterien und die Erstellung einer gemeinsamen logischen Struktur in Ober- und Unterwerte. Diese Struktur ist keinesfalls ein Abbild der Wichtigkeit der einzelnen Kriterien (die wird erst durch die Gewichtung festgelegt), sondern stellt die logische Inklusion von Teilmengen zu Obermengen dar. In Abbildung 3 ist exemplarisch ein Wertbaum wiedergegeben, der im Verlauf eines Verfahrens zur Bürgerbeteiligung für Abfallbehandlung erstellt worden ist (Renn et al., 1999). Es handelt sich um den Wertbaum der am Verfahren beteiligten Landfrauen. Aus den verschiedenen Wertbäumen der beteiligten Gruppen wurde dann ein gemeinsamer Wertbaum zusammengestellt, dem alle Gruppen zustimmen konnten.

Nach der Erstellung eines zusammengefaßten Wertbaums ist es sinnvoll, Struktur und Aufbau noch einmal unter formalen Gesichtspunkten zu überprüfen, Schwachpunkte zu identifizieren und Modifikationen vorzunehmen. Für diesen Zweck schlagen Keeney und Raiffa (1976) die folgenden Prüfkriterien vor:

- Vollständigkeit,
- Operationalisierbarkeit,
- Unabhängigkeit,
- Redundanzfreiheit,
- Kompaktheit.

In einem letzten Schritt muß der gemeinsame Wertbaum von allen Gruppen bestätigt und als Ausgangspunkt für die wei-

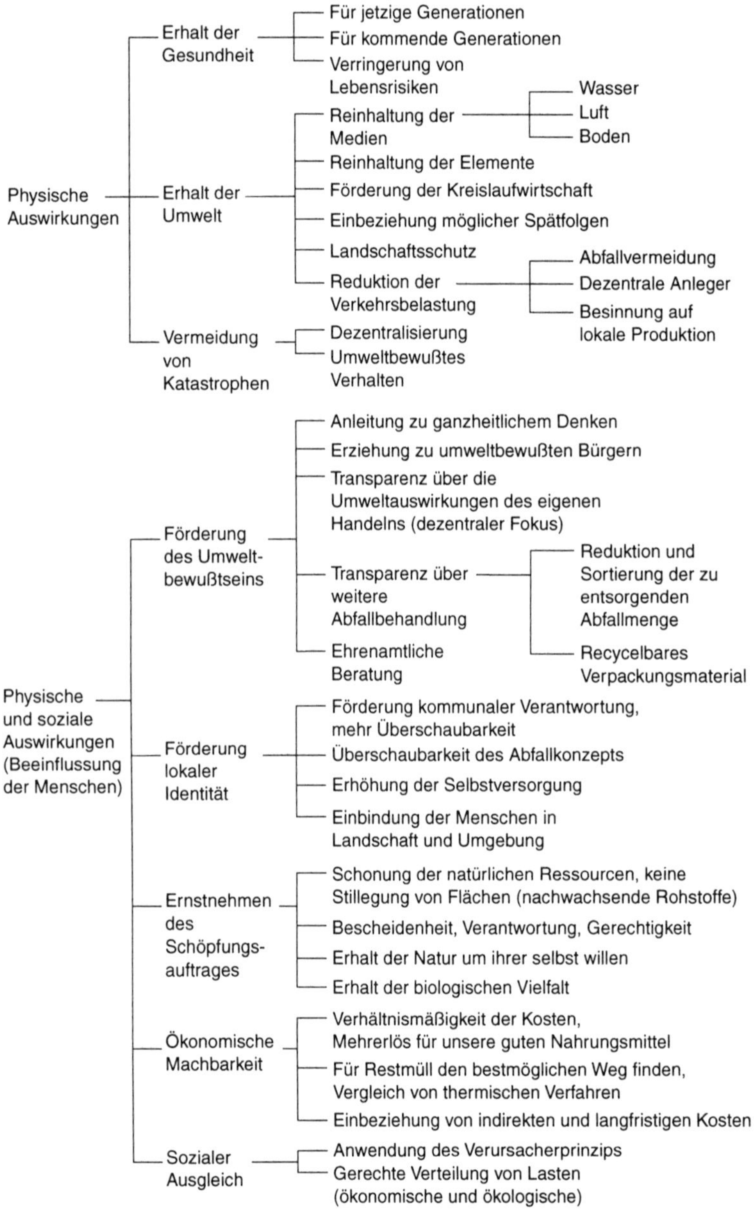

Abbildung 3: Wertbaum der Landfrauen

Quelle: Renn et al., 1999

tere Überprüfung von Optionen anerkannt werden. Mit diesem rekursiven Instrument der Validierung ist sichergestellt, daß sich die Vertreter der einzelnen Gruppen nicht als Objekte einer sozialwissenschaftlichen Methode fühlen, sondern als Subjekte in einem Bewertungsverfahren, das ihnen eine faire und systematische Berücksichtigung ihrer Anliegen ermöglicht.

Die Wertbaumanalyse läßt sich als ein wichtiges Element im Rahmen eines komplexen Entscheidungsverfahrens einsetzen. Ihre wichtigste Funktion besteht darin, die Beurteilungskriterien für Handlungsoptionen systematisch zu erfassen und im Zusammenspiel pluraler Werte und Interessen einvernehmlich festzulegen. Mit der Einigung über eine Liste gemeinsamer Kriterien bleibt natürlich die Entscheidung weiterhin unbestimmt. Konflikte sind damit nicht abgehandelt, geschweige denn gelöst. Aber die Erstellung von Wertbäumen stellt eine sinnvolle und produktive Vorbedingung dar, um gemeinsam Sach- und Wertkonflikte zu diagnostizieren und angemessene diskursive Formen der Konfliktbearbeitung einzuleiten. Auf die Frage, wie die Wertbaumanalyse als Teil eines umfassenderen Entscheidungsverfahrens integriert werden kann, gibt das folgende Kapitel 6.2 Auskunft.

6.2 Die Ethik der Verhandlungsführung

Die Erläuterungen zu den unterschiedlichen Wertkategorien in Kapitel 4 und ihrer Anwendung auf die Biosphäre haben gezeigt, daß sehr oft eine begründbare, eindeutige Bewertung von Handlungsoptionen nicht möglich ist. Wie also ist in diesen Fällen vorzugehen? Nach welchen Kriterien kann man dann eine Abwägung vornehmen? Konflikte bei Abwägungen lassen sich in der Regel (von dominanten, subdominanten oder Fällen mit absolut gleichen Wertverletzungen auf jeder Dimension einmal abgesehen) nicht durch ethische Überlegungen allein lösen. Die Ethik wäre überfordert, wenn sie verspräche, konkrete Handlungsnormen oder Gewichtungen der relevanten Bewertungsdimensionen allein aus ihren internen Wissensbeständen für alle verbindlich abzuleiten. In den Abwägungsprozeß selbst gehen stets subjektive Bewertungen ein, die zwar ethisch begründet werden können, die aber keine universelle Geltungskraft gegenüber Dritten beanspruchen oder eine eindeutige Prioritätensetzung für alle erzwingen.

Wie geht man mit konkurrierenden ethischen Bewertungen um? In diesem Dilemma hat sich die Ethik auf prozedurale Regeln der Beweis- und Verhandlungsführung konzentriert (Ott, 1996). Diese Regeln sollen sicherstellen, daß Personen, die eine Abwägung zwischen den verschiedenen Wertdimensionen treffen müssen, dies in fairer und kompetenter Weise tun (Renn und Webler, 1996). Fair bedeutet dabei, daß jeder, der an der Abwägung teilnimmt, die gleiche Chance erhält, seine Argumente und Begründungen vorzustellen und andere zu kritisieren; kompetent bedeutet, daß der Prozeß der Prüfung von Argumenten nach logischen und nachvollziehbaren Kriterien erfolgt. Die Ethik bietet Prüfverfahren für Abwägungsprozesse an, die es den Bewertern ermöglichen, nach rational-logischen Gesichtspunkten getreu der von ihnen anerkannten primären Prinzipien Handlungsoptionen zu beurteilen und Prioritäten festzulegen. Eine solche konsistente Bewertungsstrategie kann sowohl von einem einzelnen Bewerter selbst oder in Verhandlungen mit unterschiedlichen Bewertergruppen umgesetzt werden. Weil der Erhalt der Biosphäre weitgehend einen Gegenstand politischer Verhandlungen darstellt und solche Abwägungen meist in Absprache mit vielen Akteuren erfolgen, soll im folgenden nur auf diesen Aspekt der Verhandlungsführung eingegangen werden.

Ein Bericht der Amerikanischen Akademie der Wissenschaften zum Thema „Verständnis von Umweltrisiken" (Stern und Fineberg, 1996) kommt zu dem Schluß, daß sich ein wissenschaftlich valides und ethisch gerechtfertigtes Vorgehen bei der kollektiven Bewertung von Handlungsoptionen nur im Rahmen eines analytisch-deliberativen Prozesses verwirklichen läßt. *Analytisch* bedeutet dabei, daß die besten wissenschaftlichen Erkenntnisse über die möglichen Folgen und Bedingungen kollektiven Handelns in die Verhandlungen eingebunden werden; *deliberativ* bedeutet, daß rationale und ethisch nachvollziehbare Kriterien der Abwägung benutzt und nach außen dokumentiert werden. Außerdem halten die Autoren eine faire Mitwirkung aller betroffenen Gruppen im Abwägungsprozeß für notwendig, um sicherzustellen, daß die unterschiedlichen Moralsysteme, die legitimerweise nebeneinander existieren können, auch im Abwägungsprozeß berücksichtigt werden.

In welcher Weise können ethische Überlegungen Hilfestellung für eine rationale und faire Verhandlungsführung leisten? Wie lassen sich allgemeine Verbindlichkeiten trotz Pluralität von Moralsystemen und Präferenzen und trotz der Unüberwindbarkeit der Probleme bei der Letztbegründung festlegen? Im folgenden sind einige wichtige Gestaltungsnormen für die Verhandlungsführung aufgeführt (Renn und Webler, 1998).

Es macht Sinn, sich in Verhandlungen zunächst einmal pragmatisch auf die wesentlichen *primären Prinzipien festzulegen.* Diese Prinzipien sind in der Regel bereits in den allgemein anerkannten Menschenrechten niedergelegt. Die amerikanischen Bioethiker Beauchamp und Childress (1994) haben einige Leitprinzipien aufgestellt, die sich ihrer Meinung nach als primäre Prinzipien in Diskursen bewährt haben. Diese Prinzipien sind wiederum im Sinn einer Hierarchie zu verstehen (zitiert nach Revermann, 1998):

- Prinzip der Nichtschädigung (keine Schädigung von Leib, Leben und Eigentum)
- Prinzip der Autonomie (Berücksichtigung der Selbstbestimmung der Menschen)
- Prinzip des Wohltuns (Vermeidung oder Behebung von Schäden oder die Verbesserung einer als nicht akzeptabel angesehenen Situation)
- Prinzip der Gerechtigkeit (zumindest formale Gleichheit bei der Zuordnung von Rechten und Pflichten bei gleichgelagerten Fällen).

Langatmige Diskussionen über anthropozentrische oder biozentrische Perspektiven sind dagegen meist kontraproduktiv, weil die Implikationen beider Standpunkte weniger weit auseinander liegen, als es die grundsätzlichen Positionen nahelegen. Auch bei der weiteren Erläuterung von primären Prinzipien sollte man eher weich formulieren und dafür bei den Handlungsnormen auf möglichst konkrete Ausdifferenzierung und Präzisierung achten. In der Regel ist in der Frage der primären Prinzipien auch nicht mit schwerwiegenden Konflikten zwischen Industrie- und Entwicklungsländern zu rechnen, wenn auch unterschiedliche Schwerpunktsetzungen eine Einigung über die relative Wichtigkeit von primären Prinzipien erschweren. Diese relative Gewichtung kann aber besser bei den sekundären Prinzipien konstruktiv angegangen werden.

Auch wenn die primären Prinzipien wenig umstritten sein mögen, ist es oft hilfreich, diese Prinzipien im Rahmen einer Präambel vorab aufzuführen. Dabei kann man sich der Formulierungen bedienen, die bereits in internationalen Konventionen schriftlich vorliegen. Auf diese Weise ist ein Referenzrahmen festgelegt, der im Konfliktfall immer wieder als Orientierungshilfe herangezogen werden kann. Mit der Rückversicherung auf geltende primäre Prinzipien können ethisch fragwürdige Vorschläge auch leichter und schneller abgewehrt werden als durch Grundsatzdebatten.

Bei der *Einbindung von sekundären Prinzipien und Normen* ist eine gegenseitige Verständigung über die Inhalte und Implikationen sowie eine ausführliche Debatte über die entsprechenden Umsetzungsbedingungen notwendig. Vor allem gilt es, die Bandbreite der Gültigkeit und Verbindlichkeit normativer Aussagen festzulegen. Damit ist eine Einengung auf die Normen und Prinzipien gemeint, die für das anstehende Problem handlungsrelevant sind. Verschiedene Verfahren, wie die in Kapitel 5.5 vorgestellte Wertbaumanalyse, sind dazu prinzipiell geeignet und haben sich auch in internationalen Verhandlungen bereits bewährt (von Winterfeldt und Edwards, 1986). Auf der einen Seite ist es erforderlich, nur die Kriterien zuzulassen, die in einem inneren Zusammenhang mit der Thematik liegen, andererseits erfordert es das Gebot der Fairneß, alle Werte und Normen, die von den jeweiligen Parteien vorgetragen werden, so weit wie möglich zu berücksichtigen. Eine möglichst breite Erfassung der Werte und Kriterien stellt zudem sicher, daß sich auch die schwächeren Verhandlungspartner in den Diskussionen adäquat repräsentiert fühlen und damit auch eine höhere Motivation haben, eine einvernehmliche Einigung mit herbeizuführen.

Als eine zentrale Bestandsbedingung für erfolgreiche Verhandlungen hat sich die gegenseitige Achtung erwiesen, d.h. die gegenseitige Versicherung, daß man die primären Werte des jeweils anderen Partners anerkennt und wertschätzt, ohne sie im einzelnen teilen zu müssen (Luhmann, 1978). Mit gegenseitiger Achtung ist Respekt und personale Wertschätzung verbunden. Beides erleichtert die Formulierung von Kompromissen, ohne daß man in der Sache einen Konsens erzielt haben muß.

Hat man einmal die normativen Kriterien und Wertdimensionen gemeinsam festgelegt, die zur Beurteilung von Handlungsoptionen herangezogen werden sollen, dann ist es notwendig, den *aktuellen Wissensstand über die möglichen Folgen unterschiedlicher Handlungsoptionen zu erfassen bzw. zu erforschen.* Dabei können die Kriterien als heuristische Orientierung dienen, um aus der Fülle des Wissens diejenigen Wissensbestände zu identifizieren, die eine Beurteilung unterschiedlicher Handlungsoptionen (solche Optionen schließen auch allgemeinverbindliche Handlungsbegrenzungen im Sinn von Normen und Vereinbarungen ein) ermöglichen. Dabei ist in Analogie zur Klassifikation der Risiken des Beirats darauf zu achten, daß Folgewirkungen in ihrem Ausmaß, der Wahrscheinlichkeit ihres Eintreffens und in der Spanne der verbleibenden Unsicherheiten dargestellt werden (WBGU, 1999). Nur auf der Basis eines soliden und ehrlichen Überblicks über die zu erwartenden Handlungsfolgen kann eine ethisch begründbare Abwägung erfolgen. Sind die möglichen Folgen sehr umstritten oder äußerst unsicher, macht es Sinn, spezielle Verfahren der Konsensfindung unter Experten zum Einsatz zu bringen.

Unter den dialogorientierten Verfahren zur Folgeabschätzung von Handlungsoptionen hat sich die *Delphi-Befragung* besonders bewährt (Renn und Oppermann, 1995). Dieses Verfahren wurde von der RAND Co. Mitte der 60er Jahre entwickelt und zunächst für die Bewertung von Verteidigungstechnologien eingesetzt. Später wurde es vor allem als Prognoseinstrument im Rahmen von Technikfolgenabschätzungen verwandt (Mintroff und Turoff, 1975; Benarie, 1988). Das Delphi-Verfahren setzt sich aus den folgenden Schritten zusammen:

- Ein Forschungsteam stellt einen Fragenkatalog auf, in dem die zu erwartenden Konsequenzen einer Maßnahme oder einer Entscheidungsoption abgefragt werden.
- Der Fragebogen wird an eine Gruppe von anerkannten Experten des jeweiligen Fachgebiets verschickt, wobei auf eine ausgewogene Repräsentanz unterschiedlicher Länder und Standpunkte geachtet werden muß. Die Experten beantworten die Fragen nach bestem Wissen und geben einen Schätzwert für die „subjektive Gewißheit", d.h. die geschätzte Validität ihrer eigenen Antworten.
- Das Forschungsteam ermittelt die Durchschnittswerte, die Extremwerte und die Varianz der Antworten.
- Der ursprüngliche Fragebogen wird zusammen mit der Auswertung der ersten Befragung an die Experten zurückgesandt. Dabei werden alle Namen der Experten anonym gehalten, um Beeinflussungen durch Status oder Seniorität auszuschalten. Die Befragten werden gebeten, den Fragebogen ein zweites Mal auszufüllen, diesmal aber mit der Vorgabe, die Ergebnisse der ersten Befragung als Korrektiv der eigenen Urteile mit in die erneute Urteilsbildung einzubeziehen. Zweck dieser zweiten Befragung ist es, die Varianz der möglichen Antworten zu reduzieren und die kollektive Urteilssicherheit zu erhöhen.
- Die Schritte 2, 3 und 4 werden solange wiederholt, bis die Experten keine Änderungen ihrer Urteile mehr vornehmen.

Im Idealfall sortiert das Delphi-Verfahren die Bewertungen aus, die innerhalb der Expertengruppe konsensfähig sind oder einen Dissens begründen. Durch die Anonymisierung der Teilnehmer und den iterativen Prozeß der Befragung kann der jeweilige Kenntnisstand ohne Rücksicht auf den Prestigewert eines jeden Teilnehmers am Delphi-Prozeß dargestellt werden.

Einer der gravierenden Nachteile des traditionellen Delphi-Verfahrens ist das Fehlen von Begründungen für Urteile, die von dem Median aller Teilnehmer abweichen (Hill und Fowles, 1975). Deshalb haben Webler et al. (1991) eine Modifikation des Verfahrens vorgeschlagen. Die Experten werden dabei nicht durch postalische Befragung und Rückkopplung miteinander verbunden, sondern zu einem gemeinsamen Workshop von ein bis zwei Tagen eingeladen. Wichtig ist dabei, daß die eingeladenen Experten die in der Fachwelt diskutierte Bandbreite an unterschiedlichen Auffassungen und Interpretationen vertreten. Gleichzeitig sollte die Zahl der eingeladenen Experten 16–20 Personen nicht übersteigen. Im Vorfeld oder spätestens zu Beginn des Workshops werden den Teilnehmern die Aufgabenstellung und die Struktur des Fragebogens erläutert. Dann werden die Teilnehmer in einer ersten Runde in 3–4 Gruppen aufgeteilt. Jede dieser Kleingruppen von 3–4 Personen erhält die gleiche Aufgabe, nämlich den erläuterten Fragebogen auszufüllen. Konsens wird dabei angestrebt, aber abweichende Voten sind möglich. Im Plenum müssen diejenigen Experten, deren Bewertungen signifikant vom Mittelwert aller anderen Teilnehmer abweichen, ihren Standpunkt eingehend vor den anderen begründen und im Streitgespräch innerhalb der Expertengruppe verteidigen. Hinter dieser Vorgehensweise steht die Absicht, die knappe Zeit für die Kommunikation auf die Themen zu lenken, bei denen offensichtlich die größte Diskrepanz in den Einschätzungen auftritt. Ziel der Diskussion ist es herauszufinden, worin der Dissens begründet liegt und ob die Diskrepanzen durch Informationen und Argumente der anderen Experten aufzulösen sind.

In einer zweiten Runde wird das Verfahren in neuen Kleingruppen wiederholt. Bei der Zusammenstellung der neuen Kleingruppen wird darauf geachtet, daß in jeder Gruppe Repräsentanten der Extremgruppen aus der ersten Runde vertreten sind. Die Abfolge von Einzelgruppensitzungen und Plenarsitzungen wird so lange fortgeführt, bis keine signifikanten Verschiebungen der Standpunkte mehr auftreten. Am Ende eines Gruppendelphis erhält man in der Regel eine wesentlich eindeutigere Verteilung der Antwortmuster. Entweder streuen die Einschätzungen der Experten um einen Mittelwert oder es bilden sich mehrgipflige Verteilungen. Im ersten Fall ist ein Konsens weitgehend erzielt, im zweiten Fall kann man deutlich mehrere, voneinander getrennte Positionen ausmachen (Konsens über den Dissens). Am Ende dieses Schrittes verfügt man über ein von den Experten getragenes Profil vermuteter oder geschätzter Handlungsfolgen einer jeden Entscheidungsoption anhand der Kriterien, die von den beteiligten Parteien (etwa als Resultat einer vorangegangenen Wertbaumanalyse) als relevant vorgeschlagen wurden. Aufgrund der Expertendiskussionen sind auch die verbalen Begründungen für unterschiedliche Abschätzungen als zusätzliche Informationen zu den Profilen gespeichert.

Um in der praktischen Durchführung von Verhandlungen normative Kriterien und Prinzipien zielführend zu diskutieren, ist es notwendig, die Teilnehmer auf *bestimmte Regeln für Begründungsformen* hinzuweisen. Gefordert ist die Einhaltung formaler Kriterien wie Konsistenz (Widerspruchsfreiheit), logische Folgerichtigkeit und Kohärenz. Daneben gelten inhaltliche Kriterien wie das der Reziprozität („Was du nicht willst, das man dir tu', das füg' auch keinem anderen zu") oder das der Subsumption eines zu prüfenden Kriteriums unter ein anderes, bereits als gültig anerkannten Oberkriterium. Parallel dazu ist die Kompatibilität mit den gesetzlichen Bestimmungen oder internationalen Vereinbarungen zu prüfen, die beide im Idealfall die vorangegangenen, auf Konsens oder Mehrheitsbeschluß fußenden Vereinbarungen der Gemeinschaft über kollektiv bindende Werte und Ziele widerspiegeln.

Im Verlauf der Verhandlungen treten unterschiedliche Konflikte auf, die auch unterschiedliche Formen der Bearbeitung erforderlich machen. Die wesentlichen Konflikte ergeben sich auf der Verfahrensebene (Wie soll verhandelt werden), auf der kognitiven Ebene (Was ist faktisch richtig?), der Interessenebene (Was nützt mir?), der Wertebene (Was ist für ein „gutes" Leben notwendig?) und der normativen Ebene (Was kann ich allen Beteiligten zumuten?).

Zunächst geht es bei einer Verhandlung um die Festlegung des Verfahrens, das den Dialog strukturiert und die Rechte bzw. Pflichten aller Teilnehmer festlegt. Dabei ist es Aufgabe des Moderators oder Organisators, die impliziten Regeln der Gesprächs- und Verhandlungsführung vorzustellen und zu begründen. Darüber hinaus müssen die Teilnehmer gemeinsame Entscheidungsregeln, die Tagesordnung, die Rolle des Moderators, die Reihenfolge der Anhörungen usw. festlegen. Dies sollte immer nach dem Konsensprinzip erfolgen. Alle Verhandlungspartner müssen dem Verfahren zustimmen können. Erreicht man hier keine Einigung, muß die Verhandlung abgebrochen oder neu organisiert werden.

Ist das Verfahren der Verhandlungsführung bestimmt und in einem ersten Schritt die zur Beurteilung notwendigen Werte, Normen und Ziele gemeinsam festgelegt worden, dann erfolgt der *Austausch von Argumenten und Gegenargumenten.* Zur Überprüfung dieser Aussagen lassen sich analog zur analytischen Entscheidungslogik vier Teilschritte vornehmen:

In einem ersten Schritt werden die von den Diskursteilnehmern akzeptierten Werte und Normen zunächst in Kriterien und dann in Indikatoren (Meßanweisungen) überführt. Diese Überführung bedarf der konsensualen Zustimmung aller Teilnehmer.

Sachkundige Personen oder Institutionen werden gebeten, die zur Wahl stehenden Optionen nach bestem Wissensstand auf jedem Indikator zu beurteilen (faktische Richtigkeit). Dabei ist es sinnvoller, eine gemeinsame methodische Vorgehensweise oder einen Konsens über die zu befragenden Experten festzulegen, als jeder Gruppe die Freiheit zu überlassen, die Indikatoren durch eigene Experten beantworten zu lassen. Oft bleiben als Resultat dieses Prozesses viele potentielle Konsequenzen umstritten, vor allem wenn sie mit Unsicherheit behaftet sind. Jedoch wird die Bandbreite der möglichen Meinungen je nach Stand des Wissens mehr oder weniger verengt. Auch der Konsens über den Dissens hilft hier weiter, strittige von unstrittigen Tatsachenbehauptungen zu trennen, und fördert so die weitere Diskussion. Das oben beschriebene Gruppendelphi-Verfahren ist möglicherweise geeignet, um konstruktiv mit Konflikten auf der kognitiven Ebene umzugehen.

Die Bandbreiten zu erwartender Auswirkungen müssen dann für jedes Kriterium von den Parteien interpretiert werden. *Interpretation* bedeutet Verknüpfung von faktischen Aussagen mit Werten und Interessen zu einem ausgewogenen Gesamturteil (Interessen- und Wertkonflikte). Dieses Urteil kann und sollte für jeden Indikator getrennt vorgenommen werden. Auf diese Weise lassen sich die jeweiligen Ursachenketten für Urteile besser nachvollziehen und im Verlauf der Verhandlung kritisieren. Zum Beispiel kann bei der Interpretation eines Risikoerwartungswerts die Frage der Vertrauenswürdigkeit der nationalen oder internationalen Überwachungsbehörden eine wichtige Rolle spielen. Dann obliegt es den teilnehmenden Parteien, die bisherige Bilanz der jeweiligen Behörde unter die Lupe zu nehmen und gegebenenfalls institutionelle Veränderungen vorzuschlagen.

Selbst wenn für jeden Indikator eine einvernehmliche Beurteilung und Interpretation vorliegen würde, bedeutet das noch lange nicht, daß es zu einer Einigung kommt. Vielmehr können unterschiedliche Urteile über Entscheidungsoptionen der Teilnehmer auf unterschiedliche *Wertgewichtungen* der den Indikatoren zugrundeliegenden Werte und Normen zurückzuführen sein. Ein engagierter Umweltschützer mag etwa den Indikatoren der Umwelterhaltung wesentlich höheres Gewicht beimessen als den Indikatoren der Wirtschaftlichkeit von Maßnahmen. In der spieltheoretischen und ökonomischen Literatur gilt dieser Konflikt als unlösbar, es sei denn, einer der Teilnehmer kann den anderen durch Kompensationszahlungen (etwa in Form von öffentlichen Einrichtungen), Transferleistungen (etwa in Form einer besonderen Dienstleistung) oder Tauschgeschäfte (do, ut des) von seiner Präferenz abbringen. In der Realität zeigt sich aber, daß Teilnehmer an Verhandlungen durchaus den Argumenten anderer Teilnehmer zugänglich sind (also auf ihre erste Präferenz verzichten), wenn der Nutzenverlust für sie noch tolerierbar ist und gleichzeitig der Lösungsvorschlag als „gemeinwohlträchtig", d.h. in der öffentlichen Wahrnehmung als sozial erwünscht angesehen wird. Wenn es zu keinem Konsens kommt, kann und darf es auch zu einer Kompromißlösung kommen, bei der um eine „faire" Verteilung von Lasten und Gewinnen verhandelt wird.

Im Rahmen eines Diskurses müssen die hier beschriebenen Konflikte über Verfahren, Fakten, Interpretationen, Werte und Wertgewichtungen zunächst identifiziert und dann gezielt durch interaktive Verfahren behandelt werden (ähnliche Argumentation in Dryzek, 1990). Tabelle 7 gibt einen kurzen Überblick über die Verfahren der Konfliktschlichtung und deren Lösungsmöglichkeiten.

Besondere Probleme ergeben sich bei den normativen Konflikten, da hier das Postulat nach einer eindeutigen Ableitung im Sinn intersubjektiver Verbindlichkeit kaum einzulösen ist. Es lassen sich stets unterschiedliche Beurteilungskriterien als gleich gut begründbar oder nicht begründbar einstufen. Die meisten Ethiker gehen aus diesem Grund davon aus, daß unterschiedliche Typen und Schulen ethischer Begründung von Prinzipien und Normen parallel Gül-

Tabelle 7: Unterschiedliche Konflikttypen und diskursive Strategien zu ihrer schrittweisen Bearbeitung

Quelle: Renn und Webler, 1998

Konfliktypus	Erklärung des Typus	Beispiel(e)	Inhalte des Konfliktes	Bearbeitungsverfahren
Einigung über Verfahren und Vorgehensweise	Struktur der Entscheidungsfindung	Mehrheitswahlrecht Tagesordnung	Prozedurale Gerechtigkeit	Konsens
Beurteilung der Angemessenheit von Werten	Kriterienwahl zur Bewertung von Optionen	Ziele wie: Wirtschaftlichkeit, Umweltverträglichkeit	Legitimität von Werten und Normen	Übernahme aller authentisch vertretenen Werte
Beurteilung der faktischen Evidenz	Kriterien zur Beurteilung von Sachwissen	Physische Messung Expertenurteil	Dissens unter Experten	Methodische Festlegung Expertenauswahl Delphi-Verfahren
Beurteilung der Wertrelevanz von Aussagen	Subjektive Interpretation aller Konsequenzen	Festlegung eines zumutbaren Risikos	Variabilität von Präferenzen	Einigung über Regeln zur Begründung von Urteilen
Gewichtungen von Werten	Relative Priorität von Werten	Relatives Gewicht von Umwelt versus Wirtschaftlichkeit	Relative Wichtigkeit von Werten	Übergeordnete Normen Gemeinwohl Kompensation

tigkeit beanspruchen können, es also den beteiligten Gruppen überlassen bleibt, welche Art ethisch legitimer Rechtfertigung sie benutzen wollen (Ropohl, 1991; Renn, 1997). Die Grenzen partikularer Begründungen ergeben sich allerdings dort, wo von allen akzeptierte primäre Prinzipien verletzt werden (etwa die Menschenrechte). Ansonsten sind Normen dann als legitim einzustufen, wenn für sie im Rahmen ethischer Beweisführung stringent argumentiert wird und wenn sie nicht im Widerspruch zu universellen Normen, die für alle als verbindlich angesehen werden, stehen. Dabei können und werden Konflikte entstehen, z.B. daß legitime Normableitungen aus der Perspektive der Gruppe A im Widerspruch stehen zu den ebenfalls legitimen Ableitungen der Gruppe B (Shrader-Frechette, 1988). Um dennoch zu einer gemeinsam getragenen Auswahl an Normen zu kommen, ist entweder ein Portfolio von noch begründbaren parallel einzusetzenden Normen zu erstellen, oder aber es müssen Kompensationslösungen geschaffen werden, bei denen eine Partei die andere dafür entschädigt, daß sie ihre legitimen Handlungsoptionen zugunsten einer gemeinsamen Option aufgibt.

Bei der Wahl von möglichen Handlungsoptionen oder auch Normen können die Optionen von vornherein ausgeschlossen werden, die *kategorische Prinzipien* verletzen, indem sie etwa die systematische Funktionsfähigkeit der Biosphäre für menschliche Nutzungsmöglichkeiten der Zukunft gefährden und damit die vom Beirat als Leitplanken definierten Grenzen überschreiten. Gleichzeitig müssen alle subdominanten Optionen ausgeschlossen werden. Häufig sind subdominante Lösungen, also solche, die zumindest langfristig auf allen Kriterien schlechter abschneiden als alle anderen Optionen, deshalb so attraktiv, weil sie kurzfristig durchaus Gewinne versprechen, obwohl sie selbst bei Unterstellung hoher Zinsen langfristig Verluste einbringen. Oft haben Menschen oder Gruppen auch kaum eine andere Möglichkeit als die subdominante Lösung zu wählen, da ihnen alle anderen Optionen mangels Ressourcen versperrt sind. Handeln viele Gruppen oder sogar Völker in diese Richttung, kommt es zu globalen Risiken (Beck, 1996). Um solche Risiken zu vermeiden, ist an eine Zwischenfinanzierung oder eine Kompensation durch Dritte zu denken.

Es macht Sinn, bei der relativen Gewichtung der verschiedenen Bewertungsdimensionen die Hierarchisierung von Werten in der Form vorzunehmen, wie sie in Kapitel 4 beschrieben wurde. Dabei sollte deutlich werden, daß symbolische Wertungen für das subjektive Wohlbefinden und die Ausgestaltung eines „guten" Lebens ebenso große normative Berechtigung haben wie materielle Nutzwerte; gleichzeitig ist aber die Sicherstellung ökonomischer Grundfunktionen häufig Voraussetzung für das Wirksamwerden symbolischer Zuordnungen. Bei der Bewertung von Optionswerten ist zunächst zu klären, ob Informationen über Wahrscheinlichkeiten und Nutzenpotentiale vorliegen. Wenn ja, ist die Höhe der Diskontierung von gegenwärtiger versus künftiger Nutzung festzulegen. Für viele Formen ökologischer Risiken mag es dabei gerechtfertigt sein, Diskontsätze von Null oder nahe Null anzugeben. Wenn Informationen über die Wahrscheinlichkeit von Nutzungspotentialen nicht vorliegen – und dies ist die Regel –, kann man nur nach funktionalen Gesichtspunkten (Vorhandensein von Funktionsäquivalenten) oder nach Expertenschätzung verfahren. Gleichzeitig können durch dezentrale Anreizsysteme und Haftungsvereinbarungen Impulse für die Wissensbereitstellung und ständige Anpassungsprozesse gesetzt werden. In jedem Fall ist aber der Existenzwert bei der Abwägung mit zu berücksichtigen.

Bei der Abwägung von Handlungsoptionen können *formale Verfahren der bilanzierenden Beurteilung* hinzugezogen werden. Unter diesen Verfahren haben sich vor allem die Kosten-Nutzen-Analyse wie die Nutzwertanalyse bewährt. Das erste Verfahren beruht im wesentlichen auf dem Ansatz der „revealed preferences", d.h. auf dem in der Vergangenheit gezeigten Präferenzverhalten der Menschen ausgedrückt in relativen Preisen, das zweite auf dem Ansatz der „expressed preferences", also der expliziten Angabe von relativen Gewichtungen zwischen den verschiedenen Nutzendimensionen (Fischhoff et al., 1982). Beide Verfahren sind aber nur Hilfsmittel bei der Abwägung und können eine ethische Reflexion der Vor- und Nachteile nicht ersetzen.

Bei der Entscheidung über Handlungsoptionen und vor allem der Handlungsnormen ist darauf zu achten, daß die Implementationsbedingungen und Überprüfungskriterien zusammen mit den Normen spezifiziert werden. Normen haben nur so viel Geltungskraft, wie sie auch durchgesetzt werden können.

Damit überhaupt eine Verständigung über die innere Logik der Argumente und deren Begründung in Verhandlungen erfolgen kann, müssen die Teilnehmer die Fähigkeit mitbringen oder darin eingewiesen werden, ihre Vorstellungen, Aussagen und Kritikpunkte so zu formulieren und mit anderen zu kommunizieren, daß diese die Aussagekraft und die Legitimität im Sinn der Begründungslogik der jeweils vortragenden Gruppe nachvollziehen können. Ob dies möglich ist, darüber streiten sich die Soziologen und Philosophen seit vielen Jahren (siehe dazu: Habermas, 1989; von Schomberg, 1992 auf der einen Seite und Luhmann, 1984, 1993, 1998 auf der anderen Seite). In diesem Streit sind sich alle Parteien darin einig, daß aufgrund der funktionalen Differenzierung der Gesellschaft Verständigungsprozesse zwischen Akteuren unterschiedlicher gesellschaftlicher Subsysteme innerhalb einer Gesellschaft und erst recht zwischen unterschiedlichen Kulturen zunehmend schwieriger werden. Dies ist aber keine Entschuldigung dafür, eine solche Verständigung nicht aktiv herbeizuführen und gerade bei global relevanten Themen wie dem Schutz der Biosphäre auf gemeinsame Absprachen und Vereinbarungen zu verzichten. Menschen aus unterschiedlichen Gruppen und Kulturen sind sicherlich fähig und bereit, Argumente über Normen, Werte und Handlungsoptionen zu formulieren und gegenseitig auszutauschen (ähnlich Habermas, 1992). Darüber hinaus kann es in gemeinsamen Verhandlungen gelingen, eine auf Argumenten beruhende Auseinandersetzung zu führen, bei der Normen der Wahrheitsfindung eingehalten werden und empirisches Folgewissen berücksichtigt wird.

7 Folgerungen für den Biosphärenschutz

Was ist der Beitrag der Ethik zur Klärung der Möglichkeiten und Grenzen der Biosphärennutzung? Die Nutzung von (kultivierter) Natur ist eine anthropologische Notwendigkeit. Der Mensch verfügt über ein reflexiv wirkendes Bewußtsein und damit verbunden ein kausales Erkenntnisvermögen, das ihn befähigt, Ursache und Wirkungen antizipativ zu erfassen und produktiv in eigenes Handeln umzusetzen. Dieses Wissen ist die Triebfeder der kulturellen Evolution und der Entwicklung von Technik, Agrikultur und Städtebau. Mit der Herrschaft über ein immer größer werdendes Potential an Gestaltungs- und Interventionsmöglichkeiten in Natur und Sozialwesen ist im Laufe der Menschheitsgeschichte aber auch das Potential an Mißbrauchs- und Ausbeutungsmöglichkeiten angewachsen. Während dieses Potential im Bereich der Beziehungen der Menschen untereinander schon früh in den philosophischen Überlegungen und rechtlichen Normen seinen Niederschlag gefunden hat, ist die Frage nach der Verantwortung des Menschen gegenüber der Natur erst in jüngerer Zeit zum Gegenstand intensiver Überlegungen geworden. Bei diesen Überlegungen spielen ethische Erwägungen eine zunehmend wichtige Rolle. Sie bieten zum einen die Möglichkeit, auf der Basis verallgemeinerungsfähiger Kriterien konkrete Normen und Verhaltensoptionen zu überprüfen, und zum anderen vermitteln sie prozedurale Ratschläge, um eine rationale und faire Abwägung von zu erwartenden positiven und negativen Auswirkungen vorzunehmen.

Für die Begründung von Prinzipien und Normen zum Biosphärenschutz ist eine Unterteilung in kategorische und kompensationsfähige Ge- und Verbote sinnvoll. Sobald menschliche Aktivitäten die Leitplanken der kategorischen Prinzipien überschreiten, ist dringender Handlungsbedarf geboten. Wie aber läßt sich feststellen, daß eine Übertretung erfolgt und – besser noch – wie läßt sich eine Übertretung solcher unverletzlichen Normen und Prinzipien von vornherein verhindern? Dazu vier zentrale Überlegungen:

1. Der Beirat (WBGU, 1996, 1998) hat in fast allen Gutachten der letzten Jahre internationale Funktionseinheiten gefordert, die eine Monitoring- und Frühwarnfunktion ausüben (so etwa der Vorschlag für ein UN Risk-Assessment-Panel im Jahresgutachten 1998; WBGU, 1999). Solche Funktionseinheiten sollten nicht als neue Behörde organisiert werden, sondern vielmehr als ein Netzwerk von Wissenschaftlern und professionellen Beobachtern, die schnell und zuverlässig eine Diagnose über bereits eingetretene oder bevorstehende Leitplankenüberschreitungen erstellen können. Diese Funktion ist auch und gerade im Bereich der Biosphärennutzung notwendig, weil nur durch die Auswertung globaler Daten und Entwicklungen Verletzungen der kategorischen Werte festgestellt werden können.
2. Die Durchsetzung und gegebenenfalls Erweiterung solcher internationalen Mechanismen, die zumindest die kategorischen Werte schützen helfen, sind dringend erforderlich. Da bei kategorischen Gefährdungen Argumente für eine Wertverletzung in der Diskussion kaum Bestand haben werden, ist die Aussicht auf Konsens dort sehr groß. Diese Vorgehensweise ist in der Literatur als Triage-Strategie bezeichnet worden (Rolston, 1994a). Priorität haben solche Mechanismen, die einerseits effektiven Schutz versprechen und andererseits ethisch eindeutig gerechtfertigt erscheinen.
3. Der Beirat sieht die Durchsetzungschancen der ethisch gebotenen Handlungsweisen zur schonenden Nutzung der Biosphäre weniger durch wie auch immer geartete Zwangsmaßnahmen gesichert (von kategorischen Normen einmal abgesehen). Vielmehr vertraut er in stärkerem Maß auf die Schaffung dezentraler Anreizsysteme, die einerseits Impulse für die notwendige Wissensbereitstellung und andererseits ökonomische Anreize für ethisch gebotene Verhaltensweisen vermitteln. Da Schonung und Erhalt der Biosphäre globale Güter darstellen und Nutznießer und Kostenträger häufig nicht identisch sind, sind zudem Verhandlungen auf internationaler wie auf subpolitischer Ebene (multinationale Konzerne, NRO usw.) not-

wendig. Wie dies im einzelnen umzusetzen ist, wird vom Beirat ausführlich dargestellt (WBGU, 2000).

4. Dem Beirat erscheint zur Durchsetzung kategorischer Leitplanken eine analytische Trennung in drei Strategien des Biosphärenschutzes zielführend. Dabei ist davon auszugehen, daß die Einteilung in die drei Kategorien nicht ohne Konflikte ablaufen wird. Hier könnte man ein diskursives Verfahren der Entscheidungsfindung einsetzen, dessen Grundregeln in Kapitel 6 skizziert wurden. Folgende Strategien sind vom Beirat erarbeitet worden:
   Die erste Strategie ist die des vollständigen Schutzes unter starker Einschränkung jeglicher Nutzung durch den Menschen (*Noah-Strategie*). Die zweite Strategie sieht ein ausgewogenes Verhältnis zwischen Schutz und Nutzungsinteressen vor, wobei eine extensive Nutzung mit dem Erhalt der jeweiligen Ökosysteme einhergehen soll. Gefordert ist dabei eine selektive Nutzungsform (*Zensor-Strategie*). Die dritte Strategie setzt auf optimale Nutzung unter Einbezug von vordringlichen Schutzinteressen. Leitbild wäre hier eine intensive und gleichzeitig nachhaltige, d.h. auf Dauer angelegte Nutzung der Naturressourcen (*Demiurg-Strategie*).
   a. Die *Noah-Strategie* ist dann zu empfehlen, wenn in der Tat kategorische Werte auf dem Spiel stehen oder aber bei der Abwägung eindeutig Schutzinteressen vor Nutzungsinteressen stehen. Da in solchen Fällen die Nutzungsinteressen häufig bei anderen Bevölkerungsgruppen anfallen als die Schutzinteressen, ist es unabdingbar, daß Ausgleichszahlungen oder zumindest Ausgleichsleistungen erfolgen, durch die der erwartete Nutzengewinn der Weltgemeinschaft mit denen geteilt wird, die durch den Schutz in ihren Nutzungsrechten eingeschränkt werden. Wenn z.B. eine unbedingt erhaltenswerte Landschaft weitgehend von ökonomischer Nutzung freigehalten werden soll, damit die gesamte Menschheit davon langfristig profitieren kann, muß die lokale Bevölkerung, deren Einkommensmöglichkeiten dadurch erheblich beschränkt werden, adäquat mit einem Zusatzeinkommen oder einem zusätzlichen Nut-

zen entschädigt werden. Ideal sind in diesem Fall selbsttragende Strukturen in den betroffenen Gebieten, in denen durch ökonomische Anreize und dezentrale Steuerungsmechanismen eine Schutzfunktion wahrgenommen wird. Wie dies im einzelnen effektiv und effizient geschehen kann, wird vom Beirat ausgeführt (WBGU, 2000).

In diesem Sondergutachten geht es um die Erläuterung des Prinzips. Ausgleichszahlungen sollen also sicherstellen, daß diese Strategie nicht auf Kosten der meist armen Lokalbevölkerung durchgesetzt wird. Gleichzeitig wird damit auch die Zahlungsbereitschaft der reichen Länder, zugunsten eines globalen Nutzens auf eigenes Einkommen zu verzichten, auf die Probe gestellt. Dieser Mechanismus der Ausgleichszahlungen ist auch ein wirksames Regulativ dafür, daß ein Verbot von weitreichender Nutzung nur in den Fällen erfolgt, in denen auch wirklich kategorische Werte verletzt werden oder eindeutige Abwägungsurteile vorliegen.

b. Die *Zensor-Strategie* ist immer dann von Nutzen, wenn bei der Abwägung zwischen Nutzen und Schutz Zielkonflikte auftreten und ein eindeutiges Abwägungsurteil schwerfällt. In diesem Fall macht es Sinn, kreative Lösungen im Sinn von Schutz durch Nutzung zu finden. Auch hier müssen ökonomische Anreize geschaffen werden, die sicherstellen, daß die Nutzer nicht das maximale Potential ausschöpfen, sondern zugunsten des langfristigen Schutzes extensive Formen der Bewirtschaftung bevorzugen. Wie diese Forderung im einzelnen umzusetzen ist, behandelt der Beirat im Kapitel „Schutz durch Nutzung“ (WBGU, 2000).

c. Die *Demiurg-Strategie* geht ähnlich wie die erste von kategorischen Werten oder eindeutigen Abwägungsurteilen aus – diesmal allerdings in umgekehrter Richtung. 6 Mrd. Menschen auf der Welt müssen ausreichend mit Nahrungsmitteln und anderen Produkten sowie Dienstleistungen versorgt werden. An den Flächen, in denen intensive Bewirtschaftung ohne schwerwiegende Beeinträchtigung der Biosphäre möglich ist,

ist es nicht nur ethisch tolerabel, sondern geradezu geboten, diese Potentiale auch intensiv zu nutzen. Hier ist allerdings sicherzustellen, daß die natürlichen Voraussetzungen, die eine intensive Nutzung erst ermöglichen, auch in der Zukunft noch Bestand haben. Gefordert ist also eine intensive Naturnutzung unter Berücksichtigung nachhaltiger Rahmenbedingungen.

Die Befolgung dieser drei Strategien ist nicht nur geographisch im Sinn einer räumlichen Differenzierung von global zu national und regional zu verstehen. Auch innerhalb eines regionalen Raums (etwa einer Stadt) lassen sich auf Teilflächen oder in bestimmten Funktionsräumen jeweils unterschiedliche Strategien verfolgen. Die analytische Trennung in drei Strategien ist demnach auch auf lokaler, regionaler und nationaler Ebene sinnvoll anzuwenden. Bei der Bearbeitung der globalen Dimensionen des Biosphärenschutzes ist der Beirat allerdings davon überzeugt, daß die einfache Aufteilung in drei grundlegende Strategien, die sich logisch aus den ethischen Überlegungen ableiten lassen, eine wichtige Hilfe zur Diagnose der heutigen Probleme wie auch zur Bewertung von Handlungsoptionen bietet.

Literatur

Akademie der Wissenschaften (1992): Umweltstandards. Berlin: de Gruyter.

Albert, H. (1991): Traktat über kritische Vernunft. Tübingen: Mohr.

Bacow, L. S. und Wheeler, M. (1984): Environmental dispute resolution. New York: Plenum Press.

Bahadir, M., Parlar, H. und Spiteller, M. (Hrsg.) (1995): Springer Umwelt Lexikon. Heidelberg, Berlin, New York: Springer.

Bargatzky, T. und Kuschel, R. (Hrsg.) (1994): The invention of nature. Frankfurt/M.: Lang.

Beauchamp, T. L. und Childress, J. F. (1994): Principles of biomedical ethics. New York, Oxford: Oxford University Press.

Beck, U. (1996): Weltrisikogesellschaft, Weltöffentlichkeit und globale Subpolitik. Ökologische Fragen im Bezugsrahmen fabrizierter Unsicherheiten. In: Diekmann, A. und Jaeger, C. C. (Hrsg.): Umweltsoziologie. Kölner Zeitschrift für Soziologie und Sozialpsychologie (Sonderheft 36), 119–147.

Beirat Umweltökonomische Gesamtrechnung (1995): Umweltökonomische Gesamtrechnung – Zweite Stellungnahme des Beirats Umweltökonomische Gesamtrechnung. Bonn: Köllen.

Benarie, M. (1988): Delphi and delphilike approaches with special regard to environmental standard setting. Technological Forecasting and Social Change 33, 149–147.

Birnbacher, D. (1991a): Mensch und Natur. Grundzüge der ökologischen Ethik. In: Bayertz, K. (Hrsg.): Praktische Philosophie. Grundorientierungen angewandter Ethik. Reinbek: Rowohlt, 278–321.

Birnbacher, D. (1991b): „Natur" als Maßstab menschlichen Handelns. Zeitschrift für Philosophische Forschung 45, 60–76.

Birnbacher, D. (1996): Landschaftsschutz und Artenschutz, Wie weit tragen utilitaristische Begründungen? In: Nutzinger, H. G. (Hrsg.): Naturschutz – Ethik – Ökonomie. Theoretische Begründungen und praktische Konsequenzen. Marburg: Metropolis, 49–71.

Birnbacher, D. und Schicha, C. (1996): Vorsorge statt Nachhaltigkeit – Ethische Grundlagen der Zukunftsverantwortung. In: Kastenholz, H. G., Erdmann, K.-H. und Wolff, M. (Hrsg.): Nachhaltige Entwicklung – Zukunftschancen für Mensch und Umwelt. Berlin, Heidelberg, New York: Springer, 143–158.

Bishop, R. C. (1978): Endangered species and uncertainty – The economics of a Safe Minimum Standard. American Journal for Agricultural Economics 60, 10–18.

BMU – Bundesministerium für Umwelt, Naturschutz und Reaktorsicherheit (1996): Umweltbewußtsein in Deutschland. Ergebnisse einer repräsentativen Bevölkerungsumfrage 1996. Eine Information des Bundesumweltministeriums. Bonn: BMU.

BMU – Bundesministerium für Umwelt, Naturschutz und Reaktorsicherheit (1998): Umweltbewußtsein in Deutschland 1998. Ergebnisse einer repräsentativen Bevölkerungsumfrage. Eine Information des Bundesumweltministeriums. Bonn: BMU.

Burtraw, D. und Portney, P. (1991): Environmental policy in the United States. In: Helm, D. (Hrsg.): Economic policy towards the environment. Oxford, New York: Blackwell, 289–320.

Callicott, J. B. (1989): On the intrinsic value of nonhuman species. In: Callicott, J. B. (Hrsg.): In defense of the land ethics. Essay in environmental philosophy. New York: State University of New York Press, 129–155.

Cansier, D. (1996): Umweltökonomie. Stuttgart: UTB.

Chambers, S. (1992): Zur Politik des Diskurses: Riskieren wir unsere Rechte? In: Apel, K.-O. und Kettner, M. (Hrsg.): Zur Anwendung der Diskursethik in Politik, Recht und Wissenschaft. Frankfurt/M.: Suhrkamp, 168–186.

Ciriacy-Wantrup, S. V. (1968): Resource conservation – economics and policies. Berkeley: University of California.

Citlak, B. und Kreyenfeld, M. (1999): Wahrnehmung von Umweltrisiken. Empirische Ergebnisse für die Bundesrepublik Deutschland. Zeitschrift für angewandte Umweltforschung 12 (1), 112–119.

Common, M. und Perrings, C. (1992): Towards an ecological economics of sustainability. Ecological Economics 6, 7–34.

Costanza, R. und Folke, C. (1997): Valuing ecosystem services with efficiency, fairness, and sustainability as goals. In: Daily, G. C. (Hrsg.): Nature's services – societal dependence on natural ecosystems. Washington, DC, Covelo: Island Press, 49–68.

Costanza, R., d`Arge, R., Degroot, R., Farber, S., Grasso, M., Hannon, B., Limburg, K., Naeem, S., Oneill, R. V., Paruelo, J., Raskin, R. G., Sutton P. und Vandenbelt, M. (1997): The value of the World's ecosystem services and natural capital. Nature 387 (6630), 253–260.

Dahl, R. A. (1989): Democracy and its critics. New Haven, Conn.: Yale University Press.

Daily, G. C. (1997): Introduction: What are ecosystem services? In: Daily, G. C. (Hrsg.): Nature's services – societal dependence on natural ecosystems. Washington, DC, Covelo: Island Press, 1–10.

de Haan, G. und Kuckartz, U. (1996): Umweltbewußtsein. Denken und Handeln in Umweltkrisen. Opladen: Westdeutscher Verlag.

De Young, R. (1993): Changing behavior and making it stick. The conceptualization and management of conservation behavior. Environment and Behavior, 25 (4), 485–505.

Devall, B. und Sessions, G. (1984): Deep ecology: Living as if nature mattered. Layton/Utah Peregrine Smith Press.

Diekmann, A. und Frantzen, A. (1995): Kooperatives Umwelthandeln. Modelle, Erfahrungen, Maßnahmen. Chur, Zürich: Ruegger.

Diekmann, A. und Preisendörfer, P. (1992): Persönliches Umweltverhalten: Diskrepanzen zwischen Anspruch und Wirklichkeit. Kölner Zeitschrift für Soziologie und Sozialpsychologie 44 (2), 226–251.

Dierkes, M. und Fietkau, H.-J. (1988): Umweltbewußtsein – Umweltverhalten. Stuttgart, Karlsruhe: Rat von Sachverständigen für Umweltfragen (SRU).

Douglas, M. und Wildavsky, A. (1982): Risk and culture. Berkeley: University of California Press.

Dryzek J. S (1990): Discursive democracy. Cambridge, New York: Cambridge University Press.

Dunlap, R. E. und Mertig, A. G. (1996): Weltweites Umweltbewußtsein. Eine Herausforderung für die sozialwissenschaftliche Theorie. In: Diekmann, A. und Jaeger, C. C. (Hrsg.): Umweltsoziologie. Sonderheft 36 der Kölner Zeitschrift für Soziologie und Sozialpsychologie. Opladen: Westdeutscher Verlag, 193–218.

Ehrenfeld, D. (1993): Beginning again: People and nature in the new millenium. New York, Oxford: Oxford University Press.

Elliot, R. (1995): Environmental ethics. New York, Oxford: Oxford University Press.

Endres, A. und Holm-Müller, K. (1998): Die Bewertung von Umweltschäden. Theorie und Praxis sozioökonomischer Verfahren. Stuttgart, Berlin, Köln: Kohlhammer.

Europäische Kommission (1996): Eurobarometer Nr. 46. Brüssel: INRA.

Farnworth, E. G., Tidrick, T. H., Jordan, C. F. und Smathers, W. B. (1981): The value of ecosystems: An economic and ecological framework. Environmental Conservation 8, 275–282.

Fischhoff, B., Lichtenstein, S., Slovic, P., Derby, S. C. und Keeney, R. (1982): Acceptable risk. Cambridge, New York: Cambridge University Press.

Fisher, A. C. (1987): Risk communication. Getting out the message about radon. EPA Journal 13 (9), 27–29.

Fisher, A. C. und Krutilla, J. V. (1974): Valuing long run ecological consequences and irreversibilities. Journal of Environmental Economics and Management 1, 96–108.

Frankena, W. K. (1963): Ethics. Englewood Cliffs: Prentice Hall.

Fritsch, B. (1993): Ökologie und Konsensfindung: Neue Chancen und Risiken. In: Sandoz Rheinfonds (Hrsg.): Verhandlungen des Symposiums vom 3.-4. September 1992. Basel: Sandoz, 9–22.

Fromm, O. (1997): Möglichkeiten und Grenzen einer ökonomischen Bewertung des Ökosystems Boden. Frankfurt/M.: Lang.

Fromm, O. (1999): Ecological structure and functions of biodiversity as element of its total economic value. Environmental and Resource Economics (im Druck).

Fuhrer, U. (1995): Sozialpsychologisch fundierter Theorierahmen für eine Umweltbewußtseinsforschung. Psychologische Rundschau 46 (2), 93–103.

Gale, R. P. und Cordray, S. M. (1994): Making sense of sustainability: Nine answers to 'What should be sustained?' Rural Sociology 59 (2), 311–332.

Galert, T. (1998): Biodiversität als Problem der Naturethik. Literaturreview und Bibliographie. Graue Reihe Nr. 12. Bad Neuenahr-Ahrweiler: Europäische Akademie zur Erforschung von Folgen wissenschaftlich-technischer Entwicklungen.

Geisendorf, S., Gronemann, S. und Hampicke, U. (1998): Die Bedeutung des Naturvermögens und der Biodiversität für eine nachhaltige Wirtschaftsweise. Möglichkeiten und Grenzen ihrer Erfaßbarkeit und Wertmessung. Berlin: Schmidt.

Gessner, W. und Kaufmann-Hayoz, R. (1995): Die Kluft zwischen Wollen und Können. In: Fuhrer, U. (Hrsg.): Ökologisches Handeln als sozialer Prozeß. Basel: Birkhäuser, 11–25.

Gethmann, C. F. (1991): Ethische Aspekte des Handelns unter Risiko, In: Lutz-Bachmann, M. (Hrsg.): Freiheit und Verantwortung. Berlin: de Gruyter, 152–169.

Gethmann, C. F. (1996): Zur Ethik des umsichtigen Naturumgangs. In: Janich, P. und Rüchardt, C. (Hrsg.): Natürlich, technisch, chemisch: Verhältnisse zur Natur am Beispiel der Chemie. Berlin: de Gruyter, 27-46.

Gethmann, C. F. (1998): Rationale Technikfolgenbeurteilung. In: Grundwald, A. (Hrsg.): Rationale Technikfolgenbeurteilung. Konzepte und methodische Grundlagen. Berlin, Heidelberg, New York: Springer, 1–7.

Goulder, L. und Kennedy, D. (1997): Valuing ecosystem services: Philosophical bases and empirical methods. In: Daily, G. C. (Hrsg.): Nature's services – societal dependence on natural ecosystems. Washington, DC, Covelo: Island, 23–47.

Gowdy, J. (1997): The value of biodiversity. Land Economics 73 (1), 25–41.

Graumann, C.-F. und Kruse, L. (1990): The environment: Social construction and psychological problems. In: Himmelweit, H. T. und Gaskell, G. (Hrsg.): Societal psychology. Newbury Park: Sage, 212–229.

Grunwald, A. (1998): Methodische Grundlagen. In: Grundwald, A. (Hrsg.): Rationale Technikfolgenbeurteilung. Konzepte und methodische Grundlagen. Berlin, Heidelberg, New York: Springer, 29–54.

Habermas, J. (1971): Vorbereitende Bemerkungen zu einer Theorie der kommunikativen Kompetenz. In: Habermas, J. und Luhmann, N. (Hrsg.): Theorie der Gesellschaft oder Sozialtechnologie. Was leistet die Systemforschung? Frankfurt/M.: Suhrkamp, 101–141.

Habermas, J. (1981): Theorie des kommunikativen Handelns. Frankfurt/M.: Suhrkamp.

Habermas, J. (1989): Erläuterungen zum Begriff des kommunikativen Handelns. In: Habermas, J. (Hrsg.): Vorstudien und Ergänzungen zur Theorie des kommunikativen Handelns. Frankfurt/M.: Suhrkamp, 57–606.

Habermas, J. (1991): Moralbewußtsein und kommunikatives Handeln. Frankfurt/M.: Suhrkamp.

Habermas, J. (1992): Faktizität und Geltung. Beiträge zur Diskurstheorie des Rechts und des modernen Rechtsstaates. Frankfurt/M.: Suhrkamp.

Hampicke, U. (1991): Naturschutz – Ökonomie. Stuttgart: UTB.

Hansen, U. (1995): Marketing und soziale Verantwortung. In: Hansen, U. (Hrsg.): Verbraucher- und umweltorientiertes Marketing. Spurensuche einer dialogischen Marketingethik. Stuttgart: Schäffer Poeschel, 29–45.

Hargrove, E. (1989): Foundations of environmental ethics. Englewood Cliffs: Prentice Hall.

Hartwich, H.-H. und Wewer, G. (Hrsg.) (1991): Regieren in der Bundesrepublik. Band 3: Systemsteuerung und „Staatskunst“: Theoretische Konzepte und empirische Befunde. Opladen: Leske und Budrich.

Heister, J. (1997): Ökologie und Marktwirtschaft: Eckpunkte einer zukunftsorientierten Umweltpolitik. Kieler Diskussionsbeiträge 291. Kiel: Institut für Weltwirtschaft.

Hill, K. Q. und Fowles, J. (1975): The methodological worth of the Delphi forecasting technique. Technological Forecasting and Social Change 7, 179–192.

Höffe, O. (1987): Politische Gerechtigkeit. Grundlegung einer kritischen Philosophie von Recht und Staat. Frankfurt/M.: Suhrkamp.

Höffe, O. (1992): Immanuel Kant. München: Beck.

Höger, R. (1999): Theoretische Ansätze und Ergebnisse der psychologisch orientierten Lärmwirkungsforschung. Umweltpsychologie 3 (1), 6–20.

Honnefelder, L. (1993): Welche Natur sollen wir schützen? GAIA 2 (5), 253–264.

Hösle, V. (1991): Philosophie der ökologischen Krise. München: Beck.

Hubig, C. (1993): Technik- und Wissenschaftsethik. Ein Leitfaden. Berlin, Heidelberg, New York: Springer.

Hubig, C. (1993): Technik- und Wissenschaftsethik. Ein Leitfaden. Berlin, Heidelberg, New York: Springer.

Jonas, H. (1979): Das Prinzip Verantwortung. Versuch einer Ethik für die technologische Zivilisation. Frankfurt/M.: Suhrkamp.

Keeney, R. L. und Raiffa, H. (1976): Decisions with multiple objectives. Chichester, New York: Wiley.

Keeney, R. L., Renn, O., von Winterfeldt, D. und Kotte, U. (1984): Die Wertbaumanalyse. München: HTV Edition.

Kesselring, T. (1994): Ökologie Global: Die Auswirkungen von Wirtschaftswachstum, Bevölkerungswachstum und zunehmendem Nord-Süd-Gefälle auf die Umwelt. In: Humboldt Studienzentrum (Hrsg.): Ökologie aus philosophischer Sicht. Schriftenreihe des Humboldt Studienzentrums Universität Ulm. Band 8. Ulm: Universität Ulm, 39–76.

Knaus, A. und Renn, O. (1998): Den Gipfel vor Augen. Unterwegs in eine nachhaltige Zukunft Marburg: Metropolis.

Kosz, M. (1997): Probleme der monetären Bewertung von Biodiversität. Zeitschrift für Umweltpolitik und Umweltrecht 20 (4), 35–52.

Krebs, A. (1997): Naturethik im Überblick. In: Krebs, A. (Hrsg.): Naturethik. Frankfurt/M.: Suhrkamp, 337–379.

Kruse, L. (1995): Globale Umweltveränderungen: Eine Herausforderung für die Psychologie. Psychologische Rundschau 46, 81–92.

Kuckartz, U. (1997): Umwelt-Goldmedaille für Deutschland – oder: Wie umweltbewußt sind die Deutschen im internationalen Vergleich. Berlin: Freie Universität. Forschungsgruppe Umweltbildung.

Lindbloom, C. (1959): The science of muddling through. Public Administration Review 19, 79–99.

Lindbloom, C. (1965): The intelligence of democracy. Decision making through mutual adjustment. New York: Free Press.

Luhmann, N. (1978): Soziologie der Moral. In: Luhmann, N. und Pfürtner, N. (Hrsg.): Theorietechnik und Moral. Frankfurt/M: Suhrkamp, 8–116.

Luhmann, N. (1983): Legitimation durch Verfahren. Frankfurt/M.: Suhrkamp.

Luhmann, N. (1984): Soziale Systeme. Grundriß einer allgemeinen Theorie. Frankfurt/M.: Suhrkamp.

Luhmann, N. (1993): Risiko und Gefahr. In: Krohn, W. und Krükken, G. (Hrsg.): Riskante Technologien: Reflexion und Regulation. Frankfurt/M.: Suhrkamp, 138–185.

Marggraf, R. und Streb, S. (1997): Ökonomische Bewertung der natürlichen Umwelt – Theorie, politische Bedeutung, ethische Diskussion. Heidelberg, Berlin: Spektrum.

Meyer-Abich, K. M. (1996): Sustainable Development? Wie nicht nur die Menschen eine 'dauerhafte' Entwicklung überdauern können. In: Forum Clausthal (Hrsg.): Sustainable Development. Band 1. Clausthal: TU Clausthal, 10–21.

Meyer-Abich, K. M. (1997): Ist biologisches Produzieren natürlich? Leitbilder einer naturgemäßen Technik. GAIA 6 (4), 247–252.

Meyerhoff, J. (1997): Ansätze zur ökonomischen Bewertung biologischer Vielfalt. In: Feser, H.-D. und von Hauff, M. (Hrsg.): Neuere Entwicklungen in der Umweltökonomie und -politik. Regensburg: Transfer, 229–246.

Mintroff, I. L. und Turoff, M. (1975): Philosophical and methodological foundations of Delphi. In: Linstone, H. A. und Turoff, M. (Hrsg.): The Delphi Method. Reading, Mass.: Addison-Wesley, 17–36.

Mittelstraß, J. (1984): Gibt es eine Letztbegründung? In: Janich, P. (Hrsg.): Methodische Philosophie. Düsseldorf: Econ, 12–35.

Mittelstraß, J. (1992): Leonardo-Welt. Frankfurt/M.: Suhrkamp.

Mittelstraß, J. (1995): Umwelt. Bemerkungen eines Philosophen zum umweltverträglichen Wirtschaften. In: Levi, H. W. und Danzer, B. (Hrsg.): Umweltverträgliches Wirtschaften. Von der Utopie zum operativen Ziel. Stuttgart: Hirzel Wissenschaftliche Verlagsgesellschaft, 13–22.

Mohr, H. (1995): Qualitatives Wachstum. Lösung für die Zukunft? Stuttgart, Wien: Weitbrecht.

Mosler, H.-J. und Gutscher, H. (1998): Umweltpsychologische Interventionen für die Praxis. Umweltpsychologie 2 (2), 64–79.

Munasinghe, M. (1994): Economic and policy issues in natural habitats and protected areas. In: Munasinghe, M. und McNeely, J. (Hrsg.): Protected area economics and policy – linking conservation and sustainable development. Washington, DC: The World Bank, 15–49.

Münch, R. (1982): Basale Soziologie: Soziologie der Politik. Opladen: Westdeutscher Verlag.

Nida-Rümelin, J. (1996a): Ethik des Risikos. In: Nida-Rümelin, J. (Hrsg.): Angewandte Ethik. Die Bereichsethiken und ihre theoretische Fundierung. Stuttgart: Kröner, 806–831.

Nida-Rümelin, J. (1996b): Theoretische und Angewandte Ethik: Paradigmen, Begründungen, Bereiche. In: Nida-Rümelin, J. (Hrsg.): Angewandte Ethik. Die Bereichsethiken und ihre theoretische Fundierung. Stuttgart: Kröner, 2–85.

Norton, B. G. (1987): Why preserve natural variety? Princeton: Princeton University Press.

Norton, B. G. (1991): Towards unity among environmentalists. New York, Oxford: Oxford University Press.

Ott, K. (1993): Ökologie und Ethik. Ein Versuch praktischer Philosophie. Ethik in den Wissenschaften. Band 4. Tübingen: Attempto.

Ott, K. (1996): Wie ist eine diskursethische Begründung von ökologischen Rechts- und Moralnormen möglich? In: Ott, K. (Hrsg.): Vom Begründen zum Handeln. Aufsätze zur angewandten Ethik Tübingen: Attempto, 86–128.

Ott, K. (1999): Zur ethischen Bewertung von Biodiversität. Externes Gutachten für den WBGU. Unveröffentlichtes Manuskript.

Pearce, D. W. (1976): The limits of cost-benefit analysis as a guide to environmental policy. Kyklos 29, 97–112.

Pearce, D. W. und Moran, D. (1998): The economics of biological diversity conservation. In: Fiedler, P. L. und Kareiva, P. M. (Hrsg.): Conservation biology – for the coming decade. London, New York: Chapman and Hall, 384–409.

Pearce, D. W. und Turner, R. K. (1990): Economics of natural resources and the environment. Baltimore: John Hopkins University.

Perrings, C., Barbier, E. B., Brown, G., Dalmazzone, S., Folke, C., Gadgil, M., Hanley, N., Holling, C. S., Lesser, W. H., Mäler, K.-G., Mason, P., Panayotou, T., Turner, R. K. und Wells, M. (1995): The economic value of biodiversity. In: Heywood, V. H. und Watson, R. T. (Hrsg.): Global biodiversity assessment. Cambridge, New York: Cambridge University Press, 823–914.

Pickett, S. T., Ostfeld, R. S. und Shachak, M. (1997): Towards a comprehensive conservation theory. In: Pickett, T. A. (Hrsg.): The ecological basis of conservation. London, New York: Routledge, 384–399.

Pommerehne, W. W. (1987): Präferenzen für öffentliche Güter – Ansätze zu ihrer Erfassung. Tübingen: Mohr.

Preisendörfer, P. und Franzen, A. (1996): Der schöne Schein des Umweltbewußtseins. Zu den Ursachen und Konsequenzen von Umwelteinstellungen in der Bevölkerung. In: Diekmann, A. und Jaeger, C. C. (Hrsg.): Umweltsoziologie. Sonderheft 36 der Kölner Zeitschrift für Soziologie und Sozialpsychologie. Opladen: Leske und Budrich, 219–244.

Randall, A. (1988): What mainstream economists have to say about the value of biodiversity? In: Wilson, E. O. (Hrsg.): Biodiversity. Washington, DC: National Academy Press, 217–223.

Randall, A. und Farmer, M. C. (1995): Benefits, costs, and the safe minimum standard of conservation. In: Bromley, D. W. (Hrsg.): The handbook of environmental economics. New York, Oxford: Blackwell, 26–44.

Renn, O. (1996a): Ökologisch denken – sozial handeln: Die Realisierbarkeit einer nachhaltigen Entwicklung und die Rolle der Sozial- und Kulturwissenschaften. In: Kastenholz, H. G.; Erdmann, K.-H. und Wolff, M. (Hrsg.): Nachhaltige Entwicklung. Zukunftschancen für Mensch und Umwelt. Berlin: Springer, 79–118.

Renn, O. (1996b): Kann man die technische Zukunft voraussagen? Zum Stellenwert der Technikfolgenabschätzung für eine verantwortbare Zukunftsvorsorge. In: Pinkau, K. und Stahlberg, C. (Hrsg.): Technologiepolitik in demokratischen Gesellschaften. Stuttgart: Edition Universitas. Wissenschaftliche Verlagsgesellschaft, 23–51.

Renn, O. (1997): Die Wertbaumanalyse. Ein diskursives Verfahren zur Bildung und Begründung kollektiv verbindlicher Bewertungskriterien. In: Holderegger, A. (Hrsg.): Ökologische Ethik als Orientierungswissenschaft. Freiburg, Schweiz: Universitätsverlag, 34–67.

Renn, O. und Oppermann, B. (1995): „Bottom-up" statt „Top-down" – die Forderung nach Bürgermitwirkung als (altes und neues) Mittel zur Lösung von Konflikten in der räumlichen Planung. Zeitschrift für Angewandte Umweltforschung 6 (Sonderheft Stadtökologie), 257–276.

Renn, O. und Rohrmann, B. (Hrsg.) (1999): Cross-cultural risk perception. Dordrecht, Boston: Kluwer.

Renn, O. und Webler, T. (1996): Der kooperative Diskurs: Grundkonzeption und Fallbeispiel. Analyse und Kritik. Zeitschrift für Sozialwissenschaften 2 (18), 175–207.

Renn, O. und Webler, T. (1998): Der kooperative Diskurs – Theoretische Grundlagen, Anforderungen, Möglichkeiten. In: Renn, O., Kastenholz, H., Schild, P. und Wilhelm, U. (Hrsg.): Abfallpolitik im kooperativen Diskurs. Bürgerbeteiligung bei der Standortsuche für eine Deponie im Kanton Aargau. Zürich: Hochschulverlag AG an der ETH Zürich, 3–103.

Renn, O., Schrimpf, M., Büttner, T., Carius, R., Köberle, S., Oppermann, B., Schneider, E. und Zöller, K. (1999): Abfallwirtschaft 2005. Bürger planen ein regionales Abfallkonzept. Baden-Baden: Nomos.

Repetto, R. (1993): Die Bewertung natürlicher Ressourcen. Spektrum der Wissenschaft (August), 36–42.

Revermann, C. (1998): Was heißt hier Bioethik? TAB-Brief (15), 9–16.

Rock, M. (1980): Theologie der Natur und ihre anthriopologisch-ethischen Konsequenzen. In: Birnbacher, D. (Hrsg.): Ökologie und Ethik. Stuttgart: Reclam.

Rohrmann, B. (1994): Risk perception of different social groups: Australian findings and cross-national comparisons. Australian Journal of Psychology 46, 150–163.

Rohrmann, B. und Chen, H. (1999): Risk perception in China and Australia: An exploratory crosscultural study. Journal of Risk Research 2 (3), 219–241.

Rolston, H. (1994a): Conserving natural value. New York: Columbia University Press.

Rolston, H. (1994b): Values in nature and the nature of value. In: Attfield, R. und Belsey, A. (Hrsg.): Philosophy and the natural environment. Cambridge, New York: Cambridge University Press, 13–30.

Ropohl, G. (1991): Ob man die Ambivalenzen des technischen Fortschritts mit einer neuen Ethik meistern kann? In: Lenk, H. und Maring, M. (Hrsg.): Technikverantwortung. Frankfurt/M., New York: Campus, 48–78.

Schellnhuber, H. J. (1998): Discourse: Earth System Analysis – The scope of the challenge. In: Schellnhuber, H. J. und Wenzel, V. (Hrsg.): Earth System Analysis. Integrating science for sustainability. Berlin, Heidelberg, New York: Springer, 2–195.

Schmitz, P. (1985): Ist die Schöpfung noch zu retten? Umweltkrise und christliche Verantwortung. Würzburg: Echter.

Schultz, P. W., Oskamp, S. und Mainieri, T. (1995): Who recycles and when? A review of personal and situational factors. Journal of Environmental Psychology 15 (2), 105–121.

Schwartz, S. H. (1994): Are there universal aspects in the structure and contents of human values? Journal of Social Issues 50 (4), 19–45.

Shockey, I. (1996): The experience of nature in everyday life – A comparative study. Boston: Brandeis University. Promotion. Unveröffentlichtes Manuskript.

Shrader-Frechette, K. (1988): Environmental ethics. Pacific Grove: Boxwood Press.

Smith, V. K. und Kopp, R. J. (1980): The spatial limits of the travel vost recreational demand model. Land Economics 56, 64–72.

Spada, H. und Ernst, A. M. (1992): Wissen, Ziele und Verhalten in einem ökologisch-sozialen Dilemma. In: Pawlik, K. und Stapf, K. H. (Hrsg.): Umwelt und Wissen. Bern: Huber, 83–106.

Stern, P. C. (1978): When do people act to maintain common resources? International Journal of Psychology 13, 149–157.

Stern, P. C. (1992): Psychological dimensions of global environmental change. Annual Review of Psychology 43, 269–302.

Stern, P. C. und Dietz, T. (1994): The value basis of environmental concern. Journal of Soial Issues 50 (3), 65–84.

Stern, P. C. und Fineberg, V. (1996): Understanding risk: Informing decisions in a democratic society. Washington, DC: National Academy Press.

Szejnwald-Brown, H. S., Derr, P., Renn, O. und White, A. L. (1993): Corporate environmentalism in a global economy. Societal values in international technology transfer. Westport: Quorum Books.

Taylor, P. (1986): Respect for nature. A theory of environmental ethics. Princeton: Princeton University Press.

Vischer, W. (1999): Sondergutachten „Umweltethik". Tübingen: Universität Tübingen.

Vollmer, H. (1996): Akzeptanzbeschaffung: Verfahren und Verhandlungen. Zeitschrift für Soziologie 25 (2), 147–164.

von Schomberg, R. (1992): Argumentation im Kontext wissenschaftlicher Kontroversen. In: K.-O. Apel und Kettener, M. (Hrsg.): Zur Anwendung der Diskursethik in Politik, Recht, Wissenschaft. Frankfurt/M.: Suhrkamp, 260–277.

von Winterfeldt, D. und Edwards, W. (1986): Decision analysis and behavioral research. Cambridge: Cambridge University Press.

WBGU – Wissenschaftlicher Beirat der Bundesregierung Globale Umweltveränderungen (1993): Welt im Wandel: Grundstruktur globaler Mensch-Umwelt-Beziehungen. Jahresgutachten 1993. Bonn: Economica.

WBGU – Wissenschaftlicher Beirat der Bundesregierung Globale Umweltveränderungen (1994): Welt im Wandel: Die Gefährdung der Böden. Jahresgutachten 1994. Bonn: Economica.

WBGU – Wissenschaftlicher Beirat der Bundesregierung Globale Umweltveränderungen (1996): Welt im Wandel: Wege zur Lösung globaler Umweltprobleme. Jahresgutachten 1995. Berlin, Heidelberg, New York: Springer.

WBGU – Wissenschaftlicher Beirat der Bundesregierung Globale Umweltveränderungen (1998): Welt im Wandel: Wege zu einem nachhaltigen Umgang mit Süßwasser. Jahresgutachten 1997. Berlin, Heidelberg, New York: Springer.

WBGU – Wissenschaftlicher Beirat der Bundesregierung Globale Umweltveränderungen (2000): Welt im Wandel: Erhaltung und nachhaltige Nutzung der Biosphäre. Jahresgutachten 1999. Berlin, Heidelberg, New York: Springer (im Erscheinen).

Webler, T., Levine, D., Rakel, H. und Renn, O. (1991): A novel approach to reducing uncertainty: The Group Delphi. Technological Forecasting and Social Change 39 (3), 253–263.

Wegehenkel, L. (1981): Marktsystem und exklusive Verfügungsrechte an Umwelt. In: Wegehenkel, L. (Hrsg.): Marktwirtschaft und Umwelt. Tübingen: Mohr, 236–270.

Weikard, H.-P. (1998): Der Wert der Artenvielfalt: Eine methodische Herausforderung an die Ökonomik. Zeitschrift für Umweltpolitik und Umweltrecht 21 (2), 263–273.

Weinrich, H. (1972): System, Diskurs, Didaktik und die Diktatur des Sitzfleisches. Merkur 8, 801–812.

Wellmer, A. (1992): Konsens als Telos der sprachlichen Kommunikation? In: Giegel, H.-J. (Hrsg.), Kommunikation und Konsens in modernen Gesellschaften. Frankfurt/M.: Suhrkamp, 18–30.

Wenke, M. (1993): Konsumstruktur, Umweltbewußtsein und Umweltpolitik. Eine makroökonomische Analyse des Zusammenhanges in ausgewählten Konsumbereichen. Berlin: Duncker und Humblot.

Wilson, E. O. (1984): Biophilia: The human bond with other species. Cambridge/Ma.: Harvard University Press.

Wolters, G. (1995): „Rio" oder die moralische Verpflichtung zum Erhalt der natürlichen Vielfalt. Zur Kritik einer UN-Ethik. In: GAIA 4 (4), 244–249.

Zilleßen, H. (1993): Die Modernisierung der Demokratie im Zeichen der Umweltproblematik. In: Zilleßen, H., Dienel, P. C. und Strubelt, W. (Hrsg.): Die Modernisierung der Demokratie. Opladen: Westdeutscher Verlag, 17–39.

Zimmerli, W. C. (1993): Wandelt sich die Verantwortung mit technischem Wandel? In: Lenk, H. und Ropohl, G. (Hrsg.): Technik und Ethik. Stuttgart: Reclam, 92–111.

Zwick, M. M. (1998): Wahrnehmung und Bewertung von Technik in der deutschen Öffentlichkeit am Beispiel der Gentechnik. In: Gethmann, F. und Stahlberg, H. (Hrsg.): Gibt es eine spezifisch deutsche Technikfeindlichkeit? Stuttgart: Hirzel, 89-146.